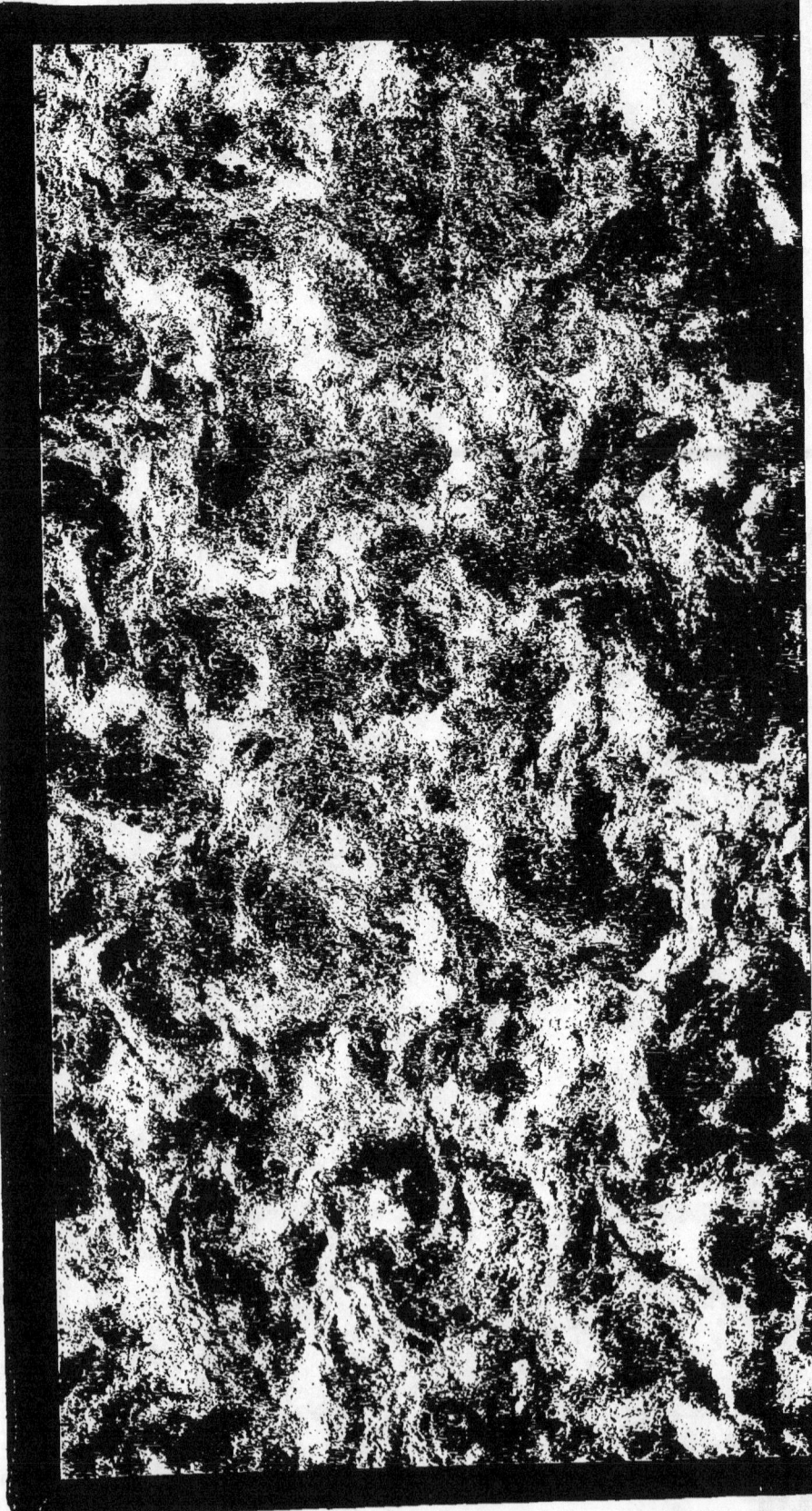

M. BODRI 1982

LE
MAROC MODERNE,

PAR

JULES ERCKMANN,

CAPITAINE D'ARTILLERIE,
CHEVALIER DE LA LÉGION D'HONNEUR,
ANCIEN CHEF DE LA MISSION MILITAIRE FRANÇAISE AU MAROC.

Avec une carte du Maroc occidental, quatre plans en couleurs
et six gravures.

PARIS,
CHALLAMEL AINÉ, ÉDITEUR,
LIBRAIRIE COLONIALE,
5, RUE JACOB, ET RUE FURSTENBERG, 2.

1885.

LE
MAROC MODERNE.

TYPOGRAPHIE FIRMIN-DIDOT. — MESNIL (EURE).

Page 13

MAROC et le GRAND ATLAS

LE
MAROC MODERNE,

PAR

JULES ERCKMANN,

CAPITAINE D'ARTILLERIE,
CHEVALIER DE LA LÉGION D'HONNEUR,
ANCIEN CHEF DE LA MISSION MILITAIRE FRANÇAISE AU MAROC.

Ouvrage orné d'une carte, de quatre plans et de gravures.

PARIS,
CHALLAMEL AINÉ, ÉDITEUR,
LIBRAIRIE COLONIALE,
5, RUE JACOB, ET RUE FURSTENBERG, 2.

1885.

A MON ONCLE

ÉMILE ERCKMANN,

&

A SON AMI ET COLLABORATEUR

ALEXANDRE CHATRIAN.

INTRODUCTION.

Le pays que nous appelons *empire du Maroc* est formé par la réunion des trois anciens royaumes de Fez, de Maroc et de Tafilet.

Il a pour limites la Méditerranée au nord, le désert au sud, la frontière algérienne à l'est et l'océan à l'ouest.

La frontière de l'est a été définie par le traité conclu en 1844 avec la France; elle commence à l'oued Adjeroud, passe entre Maghrnia et Ouchda, et atteint le Sahara au point appelé Ras-el-Aïoun, ensuite elle laisse à l'ouest les ksour (oasis fortifiées) de Iche et de Figuig, à l'est ceux de Aïn-Sefra, Sfissifa, Assla, Tieut, Chellala, el Abied et Bou Semghoune. Aucune limite n'a été indiquée à travers les régions inhabitables qui s'étendent au sud de ces points.

La frontière sud n'est pas déterminée, on la considère habituellement comme formée par une rivière appelée Seguia-el-Hamra dont l'embouchure se trouve sensiblement au 28e degré de latitude.

Royaume de Fez.

Le royaume de Fez est compris entre la mer, la frontière algérienne et une rivière appelée *Oum-R'béa* (la mère du fourrage). Il renferme plusieurs provinces dont les plus connues sont : le *Rorb,* où on trouve des plaines d'une prodigieuse fertilité, des montagnes d'élévation moyenne et de nombreux cours d'eau, et le *Rif,* contrée montagneuse voisine de la Méditerranée.

Vulgairement le mot Rorb (couchant) s'applique à tout le royaume de Fez.

Dans ce cas, on le partage en deux régions, le *Rorb-el-Isar* (Rorb du nord) et le *Rorb-el-Imin* (Rorb du sud), séparés par le plus grand fleuve du Maroc, l'oued Sebou, qui passe près de Fez.

Royaume de Maroc.

Le royaume de Maroc se partage en deux parties : le *Heuz*, qui s'étend de l'Oum-Rbea au grand Atlas, et le Sous, qui va de l'Atlas au désert.

Le Heuz est une plaine ouverte du côté de l'Océan et limitée à l'est par une chaîne de montagnes qui part du grand Atlas et va rejoindre le Rif; elle est traversée par un large fleuve, l'oued Tensift, qui passe près de Maroc.

La province de *Sous* se partage en deux parties :

1° La plaine de *Sous*, qui est limitée à l'ouest et au sud par des massifs montagneux. Cette plaine est moins fertile que le Heuz, parce que la pluie y fait presque toujours défaut. Elle est traversée par des rivières torrentueuses parmi lesquelles nous citerons l'oued Sous et l'oued Oulrass.

2° Les régions de *l'Oued-Noun* et *l'Oued-Drâa,* où commence le désert proprement dit.

Royaume de Tafilet.

Le royaume de Tafilet est un pays aride, situé dans le voisinage de la frontière algérienne.

Carte Beaudoin.

De toutes les cartes du Maroc qui existent, celle du capitaine Beaudoin (publiée en 1848 par le dépôt de la guerre) est la seule qui puisse rendre des services réels aux voyageurs. Les erreurs qu'on y rencontre ne sont pas graves et portent sur le figuré du terrain plutôt que sur la planimétrie.

Productions du pays. — Famines.

Les terres cultivables se partagent en deux catégories : le *Bled-el-Mâ*, qui est arrosé par des canaux appelés *seguia*, et le *Bour*, qui n'est irrigué que par les pluies.

Les possesseurs des *Bled-el-mâ* récoltent des céréales tous les ans, mais ceux des *Bour* sont dans une situation très précaire. Comme il n'existe au Maroc aucune loi contre les accapareurs, le prix des grains augmente d'une manière invraisemblable dès que la pluie tarde à se montrer. Si elle fait complètement défaut, le pays est en proie à une affreuse disette.

Par suite du mauvais état des voies de communication, il peut fort bien arriver que l'abondance règne dans une province et la famine dans une autre; de là les dépeuplements et des déplacements de population considérables.

On cultive l'olivier dans le voisinage des cours d'eau; dans les contrées plus arides, on tire parti de l'amandier et de l'arganier.

Dans la plaine de Maroc et dans le Sous, on récolte quelques dattes.

Les plaines du Rorb-el-Isar et les vallées renferment des forêts où les essences dominantes sont : le chêne, le cèdre, l'arganier, le caroubier, l'olivier, le noyer, l'acacia, le arar (espèce de thuya), mais ces forêts sont si dangereuses à parcourir qu'on n'en tire presque aucun parti.

Les bestiaux sont très communs au Maroc, surtout dans le Rorb-el-Isar.

La race chevaline a fait des pertes irréparables pendant la famine de 1877 et les mauvaises années qui l'ont suivie.

Le royaume de Tafilet produit des dattes excellentes qui forment la principale ressource du pays. Le blé y est rare; on le cultive avec des peines infinies dans le voisinage des cours d'eau.

Les mines abondent au Maroc surtout dans le *Sous*, mais on a beaucoup exagéré leur prétendue richesse; elles n'ont été visitées que par un petit nombre d'Européens, le plus souvent fort ignorants en métallurgie.

Population. — Langue.

La population du Maroc, qui a sensiblement la même composition que celle de l'Algérie, peut être évaluée à 8,000,000 d'habitants au maximum. Les uns vivent en plaine, sous la tente, et se livrent à la culture des céréales et à l'élevage des bestiaux. On leur donne le nom de *Arab* qui est souvent pris dans le sens de *campagnard;* les autres habitent les montagnes ou les contrées d'un accès difficile, s'y construisent des maisons ou se livrent au jardinage. Ce sont les *Breber;* leur type diffère de celui des *Arab :* ils ont généralement les yeux bleus, les épaules carrées et le cou court, tandis que les *Arab* ont les yeux noirs, les épaules rondes et le cou long. Les premiers se sont trouvés sur la route de toutes les invasions, et ont pris la langue et les habitudes des Arabes venus d'Orient à diverses époques; les seconds ont conservé leurs anciennes habitudes et leur langue primitive, la langue *chelha*.

Nous désignerons les premiers sous le nom d'*Arabes* et les seconds sous le nom de *Berbères*.

On partage généralement les *Berbères* du Maroc en quatre groupes :

1° Ceux du Rif;

2° Ceux du centre entre Fez et Maroc;

3° Ceux du Sous qu'on appelle Chleuh

(ce nom s'applique quelquefois aussi aux autres Berbères);

4° Ceux de Tafilet.

Ils parlent divers dialectes de la langue chelha. (Ces dialectes peuvent être ramenés à deux.)

Les Berbères des montagnes ont toujours causé de grands embarras aux sultans de la dynastie actuelle, qui, pour les réduire, ont été obligés d'employer souvent le système de la déportation en masse. Il en résulte que dans le sud du Maroc on trouve des Berbères qui parlent la langue du Rif et ne s'entendent que difficilement avec leurs voisins; on en rencontre aussi qui ne parlent que l'arabe.

Les juifs sont nombreux au Maroc; ils habitent les villes, les campagnes et même les montagnes les plus sauvages.

La race noire est plus répandue au Maroc qu'en Algérie; les nègres viennent du Soudan, d'où ils ont été amenés à diverses époques.

En 1590, le sultan du Maroc s'emparait de Tombouctou; plus tard le Soudan secouait le oug marocain, mais y retombait sous le règne de Mulay-Ismaël, contemporain de Louis XIV.

Pendant cette période, les nègres ne cessèrent d'affluer au Maroc; Mulay-Ismaël en tira la garde noire, qu'il plaça sous le patronage de Sidi Bokhari, auteur d'un livre très vénéré chez les musulmans.

Les Bokhari jouèrent un très grand rôle dans l'histoire du Maroc.

Au commencement de ce siècle, le Soudan s'affranchit définitivement, et depuis cette époque, les relations entre le Maroc et Tombouctou devinrent plus rares qu'autrefois. Le commerce des esclaves, sans cesser complètement, diminua d'importance.

Les nègres de Mulay-Ismaël furent mariés à des femmes arabes ou juives et formèrent une race à la première génération de laquelle on donna le nom de *hartani* (affranchi).

Les habitants des villes, que l'on appelle quelquefois *hadar* et que nous sommes convenus d'appeler *Maures*, n'appartiennent à aucune race définie. Ils résultent du mélange de toutes les races dont nous venons de parler avec les Maures d'Espagne (*Andalouss*), et les rénégats des diverses nations.

Toutes ces populations se détestent cordialement : les Maures toisent avec mépris les Berbères qui de loin en loin se hasardent à entrer en ville et les trompent toutes les fois que l'occasion se présente ; les Berbères arrêtent les Maures qu'ils rencontrent dans leurs montagnes, les dépouillent de leurs effets et finissent par les abandonner complètement nus, *à la grâce de Dieu*. Les Maures, brutalisés sans cesse par les esclaves de la cour, brûlent de se débarrasser de ces parasites, mais l'énergie leur manque et ils se contentent de les appeler *fils de hartani*.

Le juif se tire assez bien d'affaire ; malgré les humiliations dont on l'accable, il se glisse partout. L'usage des armes lui est interdit, mais il tient si peu de place qu'il trouve toujours à point nommé une caravane où il peut s'introduire en se mettant sous la protection (zettat) d'un musulman ; il arrive ainsi à pénétrer dans les contrées les plus dangereuses.

Dans certains endroits, pour échapper aux

périls dont il est entouré, il se fait le client d'un riche habitant du pays, qui le considère comme faisant partie de la famille et le protège énergiquement.

Tous les juifs du centre de Maroc ont ainsi des *sid* (seigneurs).

Autorité du sultan.

Le Maroc est placé sous l'autorité d'un sultan nommé Mulay-Hassan, mais son pouvoir temporel ne s'étend pas à tout le pays que nous venons de décrire; laissant de côté le Tafilet, berceau de la famille régnante, et les villes, on peut dire que la moitié Est de l'empire est insoumise et que la moitié ouest, jusqu'à l'Atlas, paie généralement l'impôt (1).

Les Marocains n'ont pas l'air de se douter qu'ils appartiennent à un empire du Maroc et n'ont pas de nom pour désigner leur nation. Le seul lien qui les unisse est le Coran.

---

(1) La partie occidentale est beaucoup moins accidentée que le reste de l'empire ; c'est la seule que les armées du Sultan puissent parcourir facilement, ce qui explique pourquoi les tribus qui l'habitent sont soumises.

LE MAROC MODERNE.

CHAPITRE PREMIER.

RENSEIGNEMENTS GÉOGRAPHIQUES.

Villes de la côte.

Les principales villes de la côte marocaine sont :

	Habitants.
Melilia et Ceuta (aux Espagnols)..	»
Tétouan	20 à 30,000
Tanger...,........	15 à 20,000
Larache	8 à 10,000
Rabat-et-Salé.	30 à 40,000
Casablanca ou Dar-Beïda.... ...	10 à 15,000
Azemour....................	10,000
Mazagan ou El Djidida	15 à 20,000
Saffy	9 à 10,000
Mogador ou Souëra	12 à 15,000

Sauf Tanger, qui est la résidence du corps diplomatique, elles offrent peu de ressources;

les Arabes n'y sont guère plus civilisés que dans l'intérieur et les Européens y sont en petit nombre; ils se déchirent mutuellement au lieu de se soutenir, de sorte que les Maures profitent de leurs divisions pour résister au progrès.

Ces Européens ont comme agents commerciaux des Maures et des israélites auxquels on accorde la protection consulaire, sans quoi tout commerce serait impossible.

Ces agents, n'étant plus soumis aux lois du Maroc, profitent trop souvent de la situation pour commettre des actes répréhensibles, et causent à leur patrie d'adoption une foule de désagréments sans lui rendre aucun service sérieux, car ils sont fort peu reconnaissants.

Souvent, ils se plaignent d'avoir été dévalisés par les tribus, et réclament au gouvernement marocain des sommes considérables; en pareil cas, un consul expérimenté, sachant que l'art de « faire le volé » est très florissant au Maroc, fera une enquête minutieuse à la suite de laquelle, neuf fois sur dix, il reconnaîtra que le vol n'a pas eu lieu.

La France ne possède sur la côte du Maroc que neuf négociants, parmi lesquels quatre sont agents consulaires et n'ont guère à s'occuper que de leurs propres affaires.

Mogadora un consul et Casablanca un vice-consul : cette dernière ville, qui autrefois était presque une colonie française, est actuellement envahie par les Anglais et les Allemands.

En 1880, le mouvement commercial de la France était de 167,880 tonnes et celui de l'Angleterre 171,780 tonnes.

Le commerce d'exportation se compose de : huiles d'olive et d'argan, peaux, laines, alfas, tapis et nattes, citrons et oranges, dattes, gommes, amandes, cire, plumes d'autruches (à Mogador seulement).

L'exportation des bestiaux, chevaux, céréales est interdite au public; cependant depuis quelques années le sultan accorde à chaque puissance l'autorisation d'exporter 5,000 bœufs et de transporter les grains d'un port à l'autre par mer.

On ne peut exporter des chevaux que par permission spéciale (1).

Le commerce d'importation se compose de : cotonnades anglaises, sucre, thé, café, fer, cristal, bougies, quincaillerie, draps d'Allemagne, allumettes.

Ces produits sont frappés d'un droit de 10 o/o à la douane.

Outre les agents dont nous parlerons à propos des villes de l'intérieur, il y a dans chaque port un *reïs-el-mersa* (capitaine de port) et des administrateurs des douanes, flanqués d'un agent espagnol qui est chargé de percevoir la moitié des recettes, jusqu'à paiement intégral de l'indemnité de guerre de cent millions imposée au Maroc après la guerre de Tétouan.

On y trouve aussi un agent sanitaire européen qui n'est pas toujours apte à remplir ses fonctions, car il n'y a que deux ou trois médecins dans les ports.

La côte est desservie par les paquebots de

---

(1) Personne ne peut obtenir l'autorisation d'exporter des juments.

la compagnie Paquet qui vont deux fois par mois de Marseille aux Canaries; Tanger est visité en outre par un bateau qui fait le service entre Oran, Tanger et Gibraltar; cette ville a des communications fréquentes avec Gibraltar, qui en tire l'approvisionnement de sa garnison.

Le Maroc n'est relié à l'Europe par aucun télégraphe.

Les seules puissances qui aient des intérêts sérieux dans ce pays, sont : la France, l'Angleterre et l'Espagne; les autres y ont mis des ministres plénipotentiaires par imitation plutôt que par nécessité; la Russie n'y a aucun représentant.

En particulier les Espagnols sont considérés comme les ennemis héréditaires des Marocains, lesquels n'ont pas oublié que les Almoravides régnaient à Grenade.

Voyages dans l'intérieur du pays.

Le Maroc est un pays privilégié de la nature, l'eau y est plus abondante qu'en Algérie et la région saharienne commence à une latitude plus basse.

Mais afin d'éloigner les voyageurs le gouvernement ne fait rien pour les communications, en sorte qu'au Maroc il n'y a aucune route proprement dite; on n'y trouve que des sentiers arabes quelquefois très accidentés.

On voyage à cheval ou à mule; on doit emporter de nombreuses provisions pour soi, des tentes, se faire escorter par un moghazni (cavalier) qu'on paie cinq francs par jour et se munir d'une lettre de recommandation pour les gouverneurs des endroits qu'on doit visiter.

Tout va bien quand on connaît l'arabe; mais si on ignore cette langue on est soumis à une foule de désagréments. Le voyageur qui prend à Tanger un interprète de profession est condamné à être constamment trompé : il achète cher, vend bon marché et rapporte sur toutes choses des renseignements inexacts.

Pour comble de malheur ces interprètes se connaissent tous et s'entendent comme larrons en foire, ils racontent à tout le monde les mêmes boniments et les mêmes mensonges, en sorte que les mêmes erreurs se perpétuent indéfiniment.

Les principales routes possèdent des *Nzala* (caravansérails) près desquels on passe la nuit et où on trouve quelquefois de quoi nourrir les animaux et les domestiques arabes; les maîtres de ces établissements sont responsables des accidents qui pourraient arriver et prélèvent un droit de passage sur les voyageurs ordinaires.

On peut aller aussi coucher chez les *caïds* (gouverneurs) des provinces, dont quelques-uns sont très hospitaliers.

Les chemins qui conduisent de Tanger à Fez et ceux qui relient entre elles les diverses villes de la côte sont très connus; ils ont été décrits par M. Tissot et par M. Beaumier dans les bulletins de la Société de géographie (1876).

Le chemin de Fez à la frontière algérienne par Ouchda est plus périlleux que les précédents; si on n'est pas sérieusement escorté on court le risque d'être dépouillé par diverses tribus, notamment par celle de Meknessa. Cette voie a été suivie par trois voyageurs seulement : M. Colville, capitaine anglais, M. de Chavagnac et M. le prince Wiasiemski.

M. Colville a publié la relation de son voyage dans l'ouvrage : *A ride in petticoats and slippers;* London, Sampson low, etc., 1880.

Dans le présent travail nous décrirons le pays qui se trouve entre Rabat, Fez, Maroc, et le Sous; nous y avons fait plus de 3,500 kilomètres d'itinéraires en accompagnant le sultan dans ses expéditions.

Divisions territoriales.

Lorsque partant de la frontière algérienne on se dirige vers l'ouest on rencontre *la région d'Ouchda,* limitée par la mer, la Moulouya et les chott. Elle n'est qu'à demi soumise et les caïds (gouverneurs) ne sont pas toujours obéis.

A l'ouest de la région d'Ouchda on rencontre *le Rif,* bande montagneuse qui s'étend de Ouchda aux environs de Tétouan.

Le Rif est en grande partie insoumis et ne fournit pas de soldats au sultan.

On rencontre ensuite *la région de Tanger* dans laquelle les tribus voisines des villes sont seules soumises; les autres se révoltent très fréquemment contre l'autorité de leurs caïds.

Au sud de la région de Tanger jusqu'au Sebou se trouve *le Rorb-el-Isar*. Cette province est la plus riche et la mieux arrosée du Maroc; les tribus des plaines sont soumises, mais celles des montagnes ne paient que très rarement les impôts.

En traversant le Sebou on trouve entre Rabat et Fez une région dénommée *Heuz Rabat* (environs de Rabat) qui ne renferme que des tribus soumises; à l'est du Heuz Rabat jusqu'à la Moulouya et au sud du Rif, se trouve une contrée dénommée *Foum-el-Rorb* (bouche du Rorb) dans laquelle les environs de Fez seuls sont soumis; les autres tribus ne reconnaissent que pour la forme l'autorité du sultan.

Des environs de Rabat à l'oued Rir, sur la

frontière orientale du Maroc, s'étend une région montagneuse appelée pays des *Breber-Rabat*.

Les tribus qui l'habitent sont berbères et presque toujours insoumises : elles coupent littéralement l'empire du Maroc en deux parties, interceptant les communications et forçant le sultan à se rapprocher de la côte toutes les fois qu'il veut aller de Maroc à Fez.

Entre Rabat, Maroc et l'Océan on trouve une grande plaine riche et habitée en grande partie par des tribus soumises, c'est le *Heuz Maroc*.

Au sud et à l'est de Maroc, sur les pentes inférieures des montagnes, se trouvent des populations désignées sous le nom de *Diara de Maroc*, qui ne paient pas beaucoup d'impôts, mais fournissent assez volontiers des combattants à pied.

Au nord-est de Maroc rejoignant les Breber de Rabat, se trouve la région montagneuse de *Tedla*.

Au sud de l'Atlas est le *Sous* où le sultan possède actuellement 41 caïds; ils sont à peu près obéis lorsqu'il n'est pas question d'impôts, mais dès que le mot *ferd* (répartition) est prononcé, les Chleuh font la grimace et le caïd est obligé de se taire.

Au sud et au sud-est du Sous s'étendent les régions de *Drâa* et de *Sahara*, où le gouvernement n'est représenté par aucun caïd.

Le nombre total des caïds de ces diverses tribus est de 330; ils sont indépendants les uns des autres et correspondent directement avec le sultan; les plus importants d'entre eux servent quelquefois d'intermédiaires officieux pour régler les affaires de leurs collègues.

Les caïds ont souvent auprès d'eux des Oumana (intendants) dont l'autorité est indépendante de la leur.

Fez.

La ville de Fez est située au pied des montagnes de Cherarda, non loin de l'oued Sebou.

Elle se partage en deux parties : Fez-Jedid et Fez-el-Bali.

Fez-Jedid renferme la Casbah et le quartier des juifs.

Fez-el-Bali (Medina) est un réseau de rues très étroites qui s'abaissent vers une petite rivière, l'oued Fez. Ces rues sont mal entretenues et quelquefois pénibles à parcourir à cause de la raideur des pentes.

Entre Fez-Jedid et Fez-el-Bali se trouvent des terrains vagues, un palais appelé Boujloud, des jardins nombreux, et la Casba de Cherarda qui sert de trait d'union entre les deux villes.

L'oued Fez prend sa source à un endroit appelé Ras-el-Mâ; arrivé à hauteur du Méchouar (cour d'honneur) il se partage en deux parties.

La branche de droite longe les murs du palais en suivant un canal creusé il y a quelques années, passe sous un aqueduc, se jette en cascade dans la vallée qui enserre la ville au sud, rentre dans l'enceinte et en sort pour aller se jeter dans l'oued Sebou.

Le terrain qu'elle traverse entre la ville et le Sebou est souvent inondé. Dans l'inté-

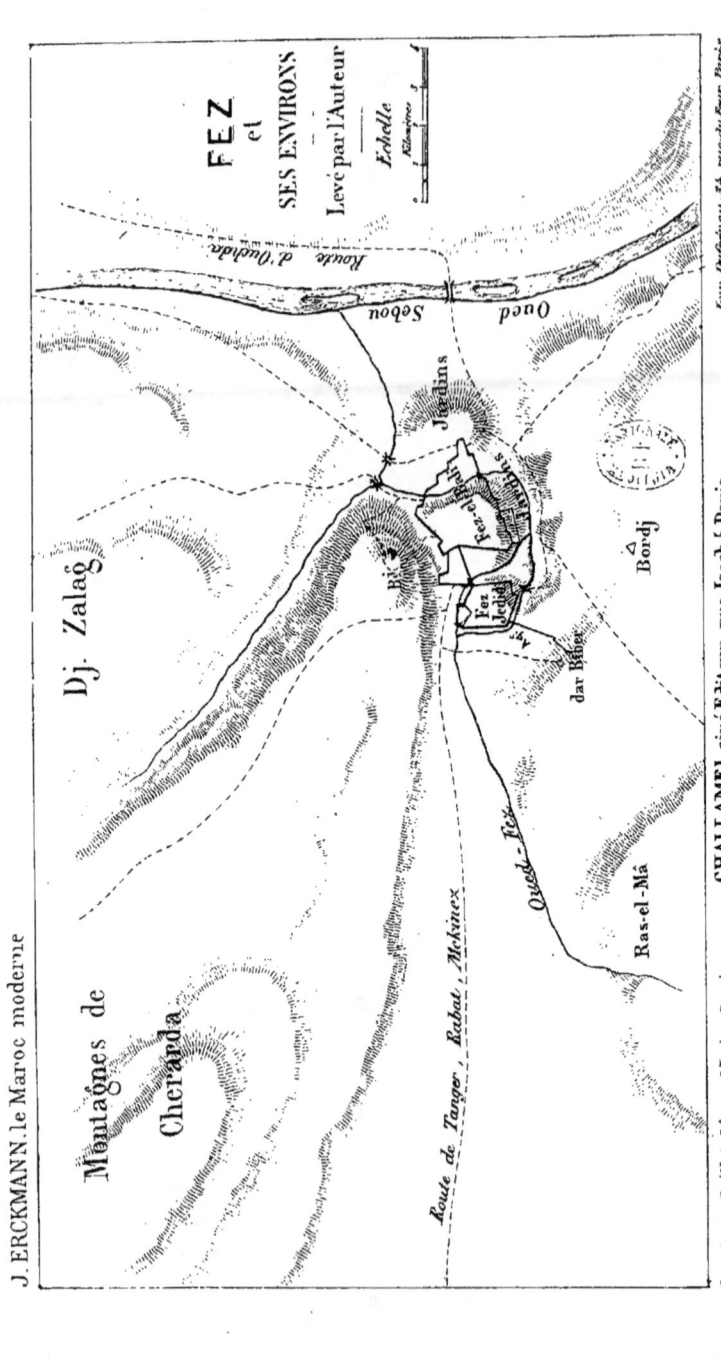

rieur de la ville cette branche peut avoir de 5o à 200 mètres de large et 3o centimètres de profondeur en moyenne.

La branche de gauche entre dans le Méchouar et en sort par des ouvertures garnies de herses, pénètre dans la ville et se partage en divers canaux qui se jettent dans la branche de droite après avoir fourni de l'eau à toute la *Medina*.

Le niveau de l'oued Fez est sensiblement constant et supérieur à celui de Fez-el-Bali en sorte que toutes les maisons ont leur fontaine.

Fez-Jedid est arrosé par un aqueduc et par un réservoir qu'on alimente au moyen de roues hydrauliques.

Les fontaines ordinaires ne suffisent pas à l'arrosage des jardins; on ouvre tous les jeudis des écluses spéciales qui fournissent aux orangers et aux citronniers l'eau qui leur est nécessaire; ces écluses servent aussi à inonder les rues quand elles sont trop malpropres, et à les transformer en autant de torrents qui entraînent les détritus jusqu'à l'oued Sebou.

Les eaux ménagères se réunissent dans un égout qui rejoint la rivière hors de la ville. Il y a peu d'années elles salissaient la rivière dans l'intérieur de la Medina.

Malgré cela la ville est restée humide et malsaine, son eau est très mauvaise et donne presque infailliblement la dysenterie, en sorte que beaucoup de personnes s'approvisionnent à l'oued Sebou.

Fez fut fondée en 793 par Mulay-Driss le jeune; pendant de longues années la Médina forma deux villes distinctes, de part et d'autre de l'oued Fez, appelées respectivement Adoua-el-Andalouss (rive des Andalous) et Adoua-el-Karaouïn (rive des habitants de Kairouan) parce que les Maures chassés d'Andalousie s'étaient fixés dans la première et les émigrés de Kairouan dans la seconde. La mésintelligence régna longtemps entre les deux *Adoua*; en 1070, Youssef ben Tachfin la fit cesser en détruisant les murs qui les séparaient.

Fez-Jedid fut construite en 1276 par les Merinides.

Écoles, mosquées.

Fez est le centre intellectuel du Maroc et peut être considérée actuellement comme le principal foyer du fanatisme musulman dans la Barbarie.

Les écoles sont nombreuses et fréquentées par des savants marocains et même algériens.

La ville renferme un très grand nombre de mosquées, entre autres celle de Mulay-Driss et celle de Karaouïn.

La première est devenue le centre d'un vaste quartier où les musulmans ont seuls le droit d'entrer, et où se trouve le tombeau du fondateur de la ville.

La mosquée de Karaouïn renferme une bibliothèque fameuse et une école dont les professeurs sont connus pour leur science et leur indépendance.

Boutiques, commerce, etc.

Fez est également très renommée par les boutiques du quartier de Mulay-Driss et ses nombreux jardins d'orangers et de citronniers. On y vend des peaux, laines, cuirs Filali tannés avec de l'écorce de grenade, armes blanches, burnous, poteries, bestiaux. Les produits du Tafilet (dattes, œufs d'autruches, etc.) y arrivent quelquefois.

Le commerce d'importation y est fait par les Arabes (surtout par ceux de Tlemcen, qui y ont une colonie) et par les juifs.

Les articles les plus importants sont : le sucre, le thé, les bougies, calicots, soieries de couleurs voyantes, le fer et le cuivre.

Population.

Fez el Bali a dix-huit quartiers (hôma); les maisons y sont très serrées et ont souvent deux étages; la surface habitée dans les deux villes est de 6 kilomètres carrés; la population peut être évaluée à 50,000 habitants.

Murailles, portes, etc.

Les murailles, construites en pisé, sont hautes de 6 mètres, larges de 2 et garnies de tours, banquettes et créneaux. Les neuf portes qui permettent de les franchir sont généralement percées dans une tour et suivies d'un passage coudé.

La ville est protégée en outre par deux petits forts sans importance aujourd'hui (1).

Les environs sont curieux à visiter; on y trouve des sites très pittoresques, des tombeaux, des ruines, un ruisseau d'eau minérale et un large fleuve (oued Sebou) qu'on traverse sur un pont extrêmement massif.

Mekinez.

Mekinez se trouve à une journée à l'ouest de Fez dans la vallée de l'oued bou Fekran.

Sa citadelle, construite en même temps que celle de Fez-Jedid, fut agrandie par Mulay-Ismaël qui en fit la forteresse la plus importante du Maroc.

Les murs sont bâtis avec deux tiers de sable et un tiers de chaux; dans certains en-

---

(1) Ces forts n'ont pas de portes apparentes; on prétend qu'ils communiquent avec le palais par des galeries de mine.

droits ils ont jusqu'à 9 mètres d'épaisseur au pied.

Outre l'enceinte proprement dite, on voit une deuxième enceinte non crénelée, de laquelle Mulay. Ismaël voulait faire partir une muraille continue qui devait aller jusqu'à Tedla. A cette époque le gouvernement seul possédait des armes à feu, en sorte que Mulay, Ismaël put forcer les Berbères à apporter de Tedla à Maroc, sur leur dos, les matériaux dont il avait besoin.

Les actes de cruauté commis par ce sultan sont légendaires; nous en citerons quelques-uns : armé d'un sabre bien affilé il visitait les travaux et tuait de sa main les gens qui ne travaillaient pas à son gré; un jour ayant remarqué que les briques étaient de mauvaise qualité, il en fit casser quelques-unes sur la tête du *mallem* qui les avait fournies.

La ville, peu intéressante par elle-même, renferme quelques restes d'une architecture grandiose et notamment des portes monumentales.

On y remarque le palais actuel du sultan,

l'ancien palais de Mulay-Ismaël, qui renferme des colonnes en marbre non employées et un grand parc nommé Aguedal où on trouve une quantité d'autruches.

La surface habitée est de 2 kilomètres carrés. La population peut être évaluée à 20,000 habitants au plus; elle se compose en grande partie de Bokhari.

Communications entre Fez et Mekinez.

Entre Fez et Mekinez se trouve une plaine limitée au nord par les montagnes de Cherarda et au sud par celle des Beni-Mter. La première tribu est soumise, la seconde est presque toujours en état de rébellion; lorsque le sultan est à Maroc, elle bloque très souvent la ville de Mekinez.

La route rencontre l'oued bou Fekran, qui vient se jeter dans l'oued Ordom, et quatre autres rivières; on peut passer tous ces cours d'eau sur des passerelles en pierre. L'oued Nja ne paraît pas guéable en temps de pluie.

Le voyage se fait en un jour.

Communications entre Fez, Mekinez et Rabat.

Au nord-ouest de Fez se trouve un groupe de montagnes habitées par la tribu de Cherarda; elles ont généralement de 200 à 400 mètres d'élévation et les chemins qui y serpentent sont mauvais, sans cependant être absolument impraticables aux voitures.

Deux trouées existent dans ce massif montagneux : l'une, Bab Tiouka, est un défilé de 10 mètres de large et de 400 mètres de long; l'autre, Bab Tisera, est formée par l'oued Rdom et a plus de 100 mètres de large.

Près de Mekinez s'élève la montagne Zerhouan, sur laquelle se trouve l'ancienne Volubilis, le Ksar Pharaon et le tombeau de Mulay-Driss el Kébir.

A l'ouest de l'oued Rdom on rencontre l'oued Beht, rivière peu profonde qui peut atteindre 1 kilomètre de large en hiver; dans le voisinage se trouve la tribu des Beni-Hassan, très pillarde, qui actuellement est presque toujours soumise.

Entre l'oued Beht et l'oued Rdom est la région montagneuse des Guérouan, tribu soumise; au sud et au sud-ouest de Mekinez habitent la tribu de Beni-Mter et celle des Zemmour; cette dernière est quelquefois dangereuse à traverser.

Pour aller de Rabat à Fez avec un seul cavalier d'escorte il convient d'éviter les Zemmour. On passe l'oued bou Regrag en bateau : on peut également le traverser à gué lorsque la marée est basse.

On traverse la forêt de Mamôra en évitant de s'y arrêter, car les forêts du Maroc sont infestées de voleurs; on se rapproche de l'oued Sebou, et on couche chez le caïd Bou Selam; le lendemain on traverse des marécages d'où sort un petit ruisseau, l'oued Remmel : on franchit l'oued Beht à gué et on couche à proximité de Bab-Tiouka, chez un caïd de Cherarda. Le troisième jour on passe l'oued Rdom à gué et on va coucher chez le caïd Embarek de Cherarda. Enfin le dernier jour on franchit l'oued Mekass sur un pont et on arrive à Fez.

Les pays que l'on traverse sont cultivés : on y trouve généralement de quoi nourrir les animaux et les domestiques arabes; mais il est bon d'emporter pour soi des vivres et notamment du pain.

Si l'on veut aller à Mekinez, on quitte au marabout Laïto la route que nous venons de décrire, on couche dans le caïd ben Chlïa, on remonte le cours de l'oued Rdom et l'on arrive le soir à destination après trois jours de voyage.

Si l'on avait des poids très lourds à transporter sur des chariots, il conviendrait de débarquer à Larache et de se rendre à Fez par la route que nous avons indiquée au sud de Bab-Tiouka (voir la carte).

La route qui conduit de Mekinez à la zaouïa de Mulay-Driss est bordée par de grosses pierres qui y sont restées depuis la mort de Mulay-Ismaël : il avait forcé les habitants à transporter jusqu'à la ville les pierres provenant des ruines de Ksar Pharaoun ; les travailleurs, ayant appris la mort du terrible sultan, lâchèrent immédiatement les fardeaux qu'ils tenaient et depuis personne n'y toucha plus.

Pour se rendre de Rabat à Fez, Mulay-Hassan ne suit pas les routes que nous venons de décrire ; il profite de l'occasion pour recueillir des impôts chez les Zemmour et les Beni-Mter.

Sfro, Agouray.

Au sud de Fez se trouve une petite localité appelée Sfro, qui sert de point de passage pour aller dans le pays des Aït Youssi.

Sfro est entouré de nombreux jardins qui approvisionnent la ville de Fez.

Au sud de Mequinez on remarque une petite ville appelée Agouray, qui a l'aspect d'un jardin entouré de murs. Elle est habitée par des descendants de renégats.

Maroc (*Marakesch*).

La ville de Maroc fut construite en 1070 par l'almoravide Youssef ben Tachfin, dans une vaste plaine, limitée au nord par une chaîne de montagnes appelée le Jebilet, au sud par l'Atlas, à l'est par des contreforts de la grande chaîne; à l'ouest cette plaine s'étend sans obstacle jusqu'à la mer.

Vue du Jelibet, la ville de Maroc a l'aspect d'une magnifique forêt de palmiers du milieu de laquelle émerge le minaret de la grande mosquée *Ketibia*.

Maroc est entouré d'un mur semblable à celui de Fez, percé de huit portes principales. Au nord et au nord-est la ville est cachée par des jardins de palmiers (Djerid) : dans les autres parties l'enceinte est visible de loin. Le terrain environnant est percé de trous profonds; les uns communiquent avec des conduites d'eau placées à plusieurs mètres sous terre et les autres servent à extraire du salpêtre.

La casbah (forteresse) renferme un immense jardin d'oliviers, orangers, etc., appelé Aguedal, et le palais du sultan. La Medina (ville) se partage en deux parties, l'une qui renferme de grands jardins séparés par des rues très larges, et l'autre où se trouvent

LA KETIBIA (Grande Mosquée de Maroc)

des maisons d'habitation moins ornées que celles de Fez, des boutiques et un quartier de lépreux.

La zaouïa (monastère) de Sidi-bel-Abbès est fort riche et occupe un vaste espace.

Le seul monument que l'on remarque à Maroc est la mosquée la Ketibia, haute de 70 mètres et dans laquelle se trouve une rampe en hélice qui sert d'escalier. Cette mosquée fut construite à la même époque que la Giralda de Séville, lorsque les Almoravides régnaient à la fois à Maroc et en Andalousie.

Près de Bab Dukkala se trouve un village (El Hara) habité par des gens affectés d'une maladie incurable : le *djdem* (1).

Population. — Commerce.

La ville renferme 24 hôma (quartiers); la partie habitée a une superficie de 24 kilomètres carrés, mais la population est beau-

---

(1) Syphilis constitutionnelle arrivée à un degré inconnu en Europe.

coup moins dense que celle de Fez : on l'estime à 55,000 habitants.

Le climat de Maroc est sain, l'eau excellente; la température peut s'y élever en été jusqu'à 49° centigrades à l'ombre; à cette époque de l'année les rues sont désertes au milieu du jour. Le thermomètre peut monter jusqu'à 60° sur les terrasses échauffées par le soleil; en hiver la température peut s'abaisser jusqu'à 5° au-dessus de zéro pendant une quinzaine de jours.

Le commerce de Maroc est semblable à celui de Fez, sauf qu'il est presque tout entier entre les mains des juifs. On y trouve entre autres des armes montées en argent et des objets en cuivre travaillé provenant des mines du Sous. Les produits du Tafilet n'y parviennent pas.

A une petite distance de la ville on trouve un groupe de hauteurs appelé le Gelliz, où Sidi-bel-Abbès allait faire ses dévotions, et un fleuve large et peu profond appelé oued Tensift qu'on passe sur un pont de huit arches.

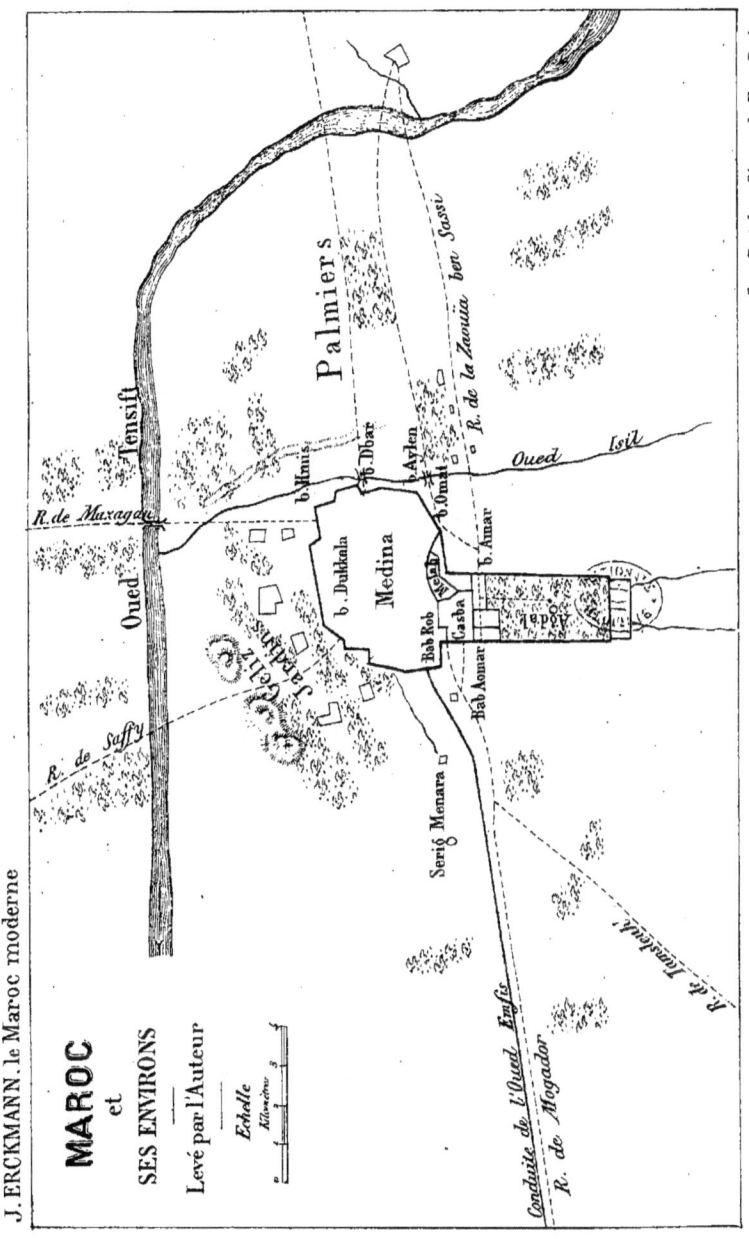

A l'est se trouve une petite rivière appelée oued Isil.

Communications entre Maroc et la côte.

Maroc communique avec la côte de l'Atlantique par trois routes, toutes trois carrossables à la rigueur.

La route la plus usitée pour aller de Mogador à Maroc passe par Sok Tleta (marché du mardi), Aïn Oumast, Chichaoua, etc., et renferme des *nẓala* (caravansérails), en sorte qu'on peut à volonté faire de grandes ou de petites étapes.

Généralement on termine le voyage en cinq jours.

En temps de pluie on peut être arrêté par l'oued Chichaoua, rivière sujette à grossir très rapidement. La province de Chiadma, qu'on traverse pendant la plus grande partie du voyage, est soumise.

On peut suivre une route plus pittoresque que la première par Férouga, Mjatt, Djema-el-Kourimat, etc., en traversant les tribus qui habitent les pentes inférieures de l'Atlas; cette route présente moins de ressources que la première et est aussi plus périlleuse : on doit coucher chez les caïds et se faire escorter d'une étape à l'autre par des cavaliers qu'ils fournissent.

La route de Mazagan se fait en cinq jours; on traverse pendant quatre jours la province riche et soumise de Dukkala, dont le terrain est résistant et praticable même en temps de pluie.

A partir de Souenia on traverse en deux heures la chaîne du Jebilet (3 à 400 mètres de hauteur) en suivant le lit d'un torrent, et on passe ensuite le pont de l'oued Tensift.

Si on avait des voitures avec soi il faudrait obliquer à l'ouest à partir de Souénia, afin de passer à travers champs à l'endroit où les pentes occidentales du Jebilet se fondent dans la plaine; on pourrait également rejoindre la route de Saffy.

On couche la première nuit au Tleta de Sidi Ben Nour, dont le cheikh est fort hos-

PONT DE L'OUED TENSIFT (près de Maroc).

pitalier; aux étapes suivantes on s'arrête dans des nzala.

Il faut se tenir en garde contre les cavaliers de l'escorte, qui allongent la route pour faire héberger leur hôte chez différents caïds et récolter des pourboires par la même occasion.

La route de Saffy est plus courte que les premières, mais elle est peu fréquentée parce que le port de Saffy est mauvais. Elle traverse les provinces soumises de Abda et de Ahmar, passe à l'endroit appelé El Chabah à travers une chaîne de hauteurs de faible élévation; elle pénètre ensuite dans le Jebilet à Aougla, par le lit de la rivière des Lauriers-roses; ensuite elle traverse le Tensift à gué.

Cette route de Aougla est carrossable sur tout son parcours; en temps de pluie on passe par le pont de l'oued Tensift.

Le chemin que nous avons indiqué de Oumeyrik à Bou Sleffen n'est pas carrossable. On peut faire le voyage en deux jours (18 heures) en couchant chez le caïd Adiben-Doh; si on veut voyager plus lentement, on est obligé de s'arrêter dans des douars qui offrent peu de ressources.

Communications entre Maroc et le Sous.

Maroc est séparé du Sous par le grand Atlas, qui dans sa partie la plus élevée porte le nom de Glaoua et a une hauteur de 3,500 à 4,000 mètres. Le mot Miltzin employé dans divers ouvrages pour indiquer le point le plus élevé de l'Atlas, est absolument inconnu des habitants.

Ces montagnes sont rocheuses et couvertes de neige pendant la plus grande partie de l'année : il doit s'y trouver des pics couverts de neiges éternelles.

Dans le voisinage de Maroc, la chaîne de l'Atlas jette sur le versant nord de nombreux contreforts, tandis que sur le versant sud elle s'abaisse presque sans transition.

Ce massif, que les voyageurs mettent deux ou trois jours à traverser, renferme des mines de cuivre, d'argent et de lignite; on y trouve de riches vallées et des lacs très poissonneux remplis d'une eau glaciale.

Les habitants sont Chleuh et vivent dans des maisons où ils sont bloqués par les neiges chaque hiver; on y rencontre aussi des juifs. La partie la plus remarquable de leur habillement est un burnous en laine noire portant dans le dos une sorte de soleil rouge.

Les deux routes principales qui traversent l'Atlas dans cette région sont celles de Goundafy et celle de Ouicheddan.

Au dire des voyageurs, la route de Goundafy suit le lit de l'oued Emfis jusqu'à un point appelé Bein-el-Ouidan, contourne la montagne de Goundafy où habite le caïd du pays, traverse des terrains cultivés, franchit le Tizi-Ntast et aboutit au village de Aït Youka dans la plaine de Sous, près du pays de Aoulouz.

Aït Youka est à trois jours de Maroc.

Le col de Tizi-Ntast est quelquefois appelé Tizi-Oumchach (col des chats), parce qu'il n'y a guère que les chats qui puissent y passer facilement. L'autre route s'embranche avec la première à Bein-el-Ouidan, traverse des bois d'arganiers infestés de voleurs et franchit le Djebel Ouicheddan en un point qui paraît encore plus difficile que Tizi-Ntast.

Une petite rivière, l'oued Amizmiz, permet de pénétrer dans le commandement du caïd de Gourgoury. Cette région communique avec Goundafy par le Tizi-Nemer (col de la panthère).

Les habitants des pentes inférieures sont soumis au sultan; les montagnards proprement dits lui fournissent quelques cadeaux en nature, généralement du cuivre travaillé.

Le caïd de Goundafy possède un terrain cultivé entouré d'un mur (Tagadir el Bour), il envoie des cadeaux et des fantassins au sultan, mais il entend être maître chez lui et ne va jamais à Maroc.

Toute opération militaire dans ces régions serait extrêmement difficile; on raconte qu'au Tizi-Nemer une troupe de vingt bons tireurs mit en déroute une armée envoyée par Sidi Mohammed et lui tua trois cents hommes.

Ces routes sont très rarement suivies par

les voyageurs parce que les chameaux ne peuvent pas y passer; en hiver les Arabes courent le risque d'y mourir de froid.

La route classique pour aller de Maroc à Tarudant, capitale du Sous, passe par le col de Bibaouan, élevé de 1,300 mètres environ au-dessus du niveau de la mer; elle est praticable aux chameaux. Ce voyage se fait généralement en six jours.

A l'ouest se trouve la route de Hamsrout, qui est également praticable aux chameaux, et permet d'aller en six jours de Maroc à la tribu de Mesegguen.

Enfin on peut aller à Tarudant par Agadir; cette route fut suivie en 1882 par l'armée marocaine.

On traverse la province soumise de Chiadma, qui renferme un grand nombre de zaouïa; cette région est moyennement accidentée; l'oued Emfis, qui peut avoir 1 kilomètre de large en hiver, est généralement guéable en été. De cette rivière, dont le niveau est fort élevé, partent de nombreuses seguia (canaux) qui arrosent notamment la zaouïa Cherradi et les terres des Oudaïa. L'une d'elles entre à Maroc par le parc de la Mamounia.

On passe au pied de Djebel Thilda, montagne conique surmontée d'une table horizontale dont les bords sont à pic; on s'arrête à Chichaoua, qui renferme un caravansérail et quelques maisons; on traverse à gué l'oued Chichaoua, on passe près de la Nzala de Sidi Moktar où on trouve de l'eau et quelques ressources et on longe la zaouïa de Sidi Ouachmi Rgregui, à partir de laquelle le terrain devient de plus en plus aride.

On se dirige ensuite au sud et on campe à Bou-Riki, près d'une petite rivière appelée oued Kseb.

De Bou-Riki à Agadir on ne rencontre plus que des arganiers et des broussailles; cette région, complètement ruinée par les exactions du caïd Ould Emflous, est presque déserte : de loin en loin on aperçoit des maisons de Chleuh, pour la plupart ruinées; elles sont pittoresquement perchées sur des montagnes et offrent une analogie frappante avec les châteaux forts du moyen âge.

De Bou-Riki à Dar Emflous, on traverse le défilé de Mina Takandout qui a 5 kilomètres de long et de 10 à 200 mètres de large; ce défilé est une sorte d'entaille faite dans le roc; les bords sont à pic et le fond est incliné transversalement. On arrive avec beaucoup de peine à la maison du caïd Ould Emflous près de laquelle on trouve des sources excellentes et quelques ressources. Les Européens de Mogador y vont quelquefois chasser le sanglier qui abonde dans ces parages.

A l'est de Mina Takandout se trouve un autre défilé, moins difficile mais plus long, qui conduit également à Dar-Ould-Emflous.

Ensuite on suit des routes à flanc de coteau extrêmement dangereuses, on traverse des ravins où les animaux s'abattent fréquemment, puis on arrive à Idao Guiloul où, en été, on ne trouve qu'un peu d'eau corrompue; on passe ensuite dans le défilé de Temensift qui a 4 à 5 mètres de largeur par places et 6 kilomètres de long environ. On traverse à gué la rivière Aït Tamer dont l'eau est saumâtre; son embouchure est un bon mouillage pour les chaloupes.

On suit ensuite un chemin à flanc de coteau interrompu par de nombreux ravins, et on arrive à l'oued Tamerekt, rivière qui est desséchée en été et dans le lit de laquelle on creuse des puits où on ne trouve que de l'eau saumâtre. Ce point est également un bon mouillage pour les chaloupes.

De l'oued Tamerekt on ne marche plus que sur les pentes inférieures des falaises, et on atteint Agadir; ensuite par un chemin peu accidenté on arrive en deux jours à Tarudant. On ne peut faire ce voyage qu'avec la protection spéciale des caïds du pays et on doit emporter des provisions de toute sorte, car on ne trouve rien entre Dar-Ould-Emflous et Agadir.

Description du Sous.

Le Sous est une plaine située au sud de l'Atlas et qui s'étend jusqu'à l'oued Noun.

Le nord est fertilisé par l'oued Sous.

La partie qui avoisine la source de cette rivière est très productive; on y trouve des oliviers, des amandiers et des céréales.

Vers l'embouchure et dans le cours moyen on cultive l'orge, le blé, le maïs; les bœufs sont communs, mais les moutons plus rares.

Lorsque la pluie tombe au bon moment, les récoltes sont excessivement belles; dans le cas contraire les habitants arrosent péniblement leurs terres au moyen de puits profonds de plus de 10 mètres.

Ils font aussi du commerce avec Mogador et y vendent de l'huile d'olive et d'argan, des amandes, du cuivre et quelques produits du Soudan.

L'arganier est un arbre fort utile qui pousse à l'état sauvage dans les terrains les plus secs; les fruits tombent d'eux-mêmes, on les donne aux chèvres qui rendent les noyaux en ruminant; puis lorsque ces noyaux ont été purifiés par l'action du soleil et du vent, on les livre à des femmes qui les cassent entre deux pierres avec une rapidité prodigieuse. Les amandes sont ensuite soumises à l'action d'un pressoir très simple qui en extrait l'huile d'argan.

Les deux principales villes du Sous sont : Agadir et Tarudant.

Agadir.

On donne le nom de Agadir-Fonti à une petite forteresse située à l'extrémité de l'Atlas, à 3oo mètres environ au-dessus du niveau de la mer.

(Le mot *Agadir* s'applique à beaucoup d'autres places; en langue berbère, il signifie *mur défensif.*)

Fondée par un gentilhomme portugais qui y avait établi une pêcherie, Agadir fut prise par les musulmans en 1536 et ouverte au commerce jusqu'en 1773, époque où Mulay Abd Allah fonda la ville de Mogador (en arabe, *Souëra,* petit mur) qui détourna le commerce à son profit.

Les murs d'Agadir sont bien conservés, les chemins qui y aboutissent sont difficiles et tortueux. Celui qui passe à l'est longe le mur

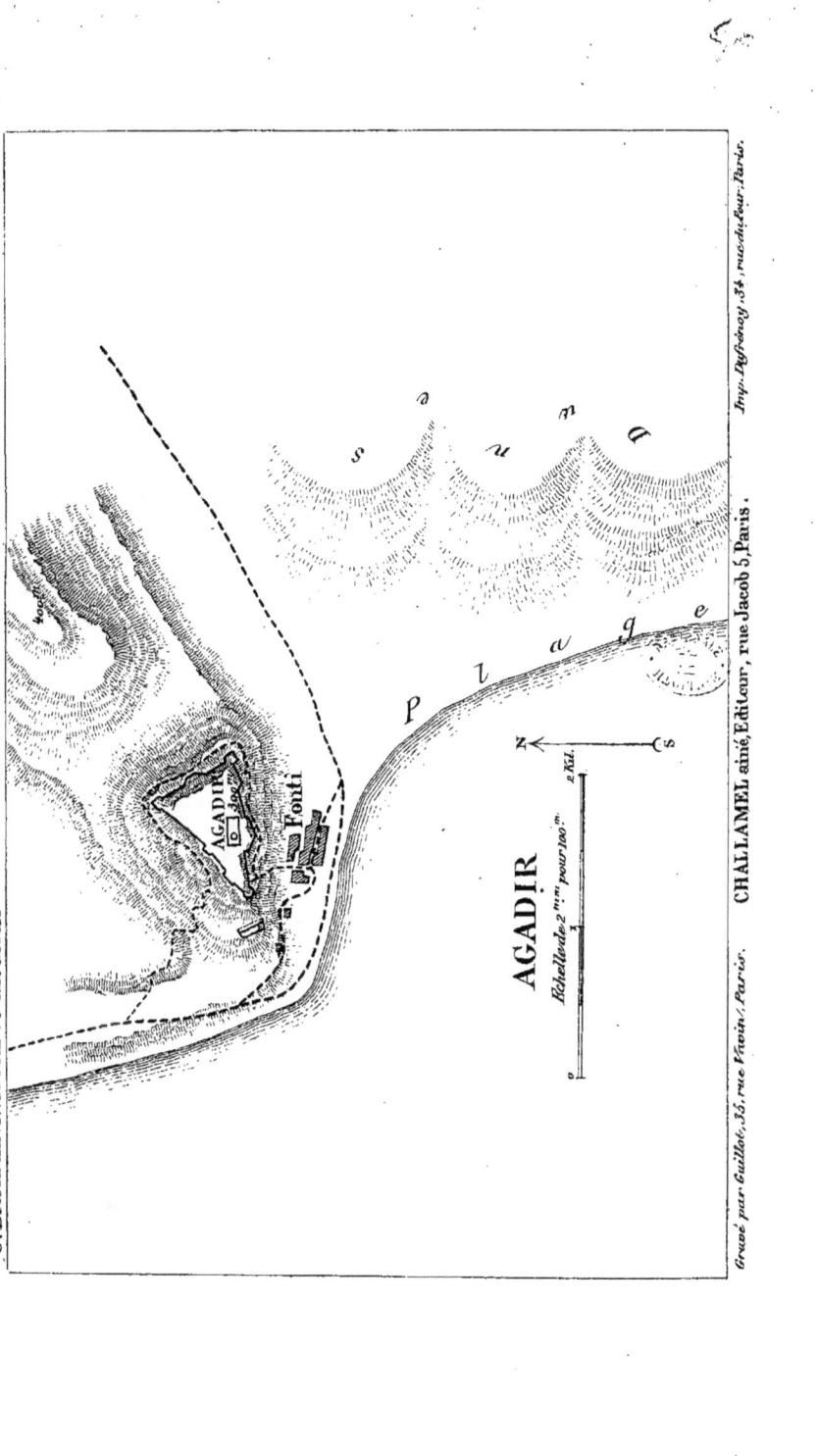

d'enceinte à un endroit où il n'a guère que 2 mètres de hauteur, ce qui permet aux voleurs de l'escalader; du côté de la mer on trouve une lunette qui renferme quelques mauvais canons.

Près de la place on voit un misérable village de pêcheurs appelé Fonti.

La place d'Agadir étant le meilleur mouillage de l'Océan depuis le cap Spartel jusqu'au cap Juby, la ville semblait devoir s'étendre beaucoup, mais il n'en fut rien : après la fondation de Mogador elle fut fermée au commerce européen et ses relations avec l'Europe cessèrent à peu près complètement.

Depuis l'expédition du sultan en 1882, on autorisa le commerce des céréales afin de parer à la famine dont le Sous est sans cesse menacé; mais les négociants qui apportèrent des marchandises furent mal reçus et obligés de camper sur la plage, en sorte qu'ils ne songent probablement plus à revenir (1).

(1) Les habitants sont tellement fanatiques qu'à la même époque ils refusèrent de vendre des moutons à l'équipage des navires qui leur apportaient des farines. Il fallut l'intervention directe du sultan pour faire cesser cet état de choses.

Tarudant.

La ville de Tarudant est située à deux journées d'Agadir et à une demi-journée de l'Atlas; les murailles ont 6 kilomètres de tour et sont en mauvais état.

Cette ville, qui est une des plus anciennes du Maroc, fut la première capitale des Chérifs et le centre de la propagande religieuse dans les tribus berbères; actuellement elle est presque sans commerce et sans industrie par suite de la décadence du port d'Agadir.

Tarudant renferme un grand nombre de jardins d'oliviers, orangers, palmiers, etc., quelques rues bordées de rares boutiques, un fondouk où on vend des marchandises de Maroc, un petit quartier des juifs dont presque toutes les maisons sont défoncées, et une casbah contenant un palais en ruines.

Des Chleuh armés jusqu'aux dents y circulent à grands pas en regardant les étrangers d'un air farouche.

Les voyageurs qui seraient tentés d'y aller

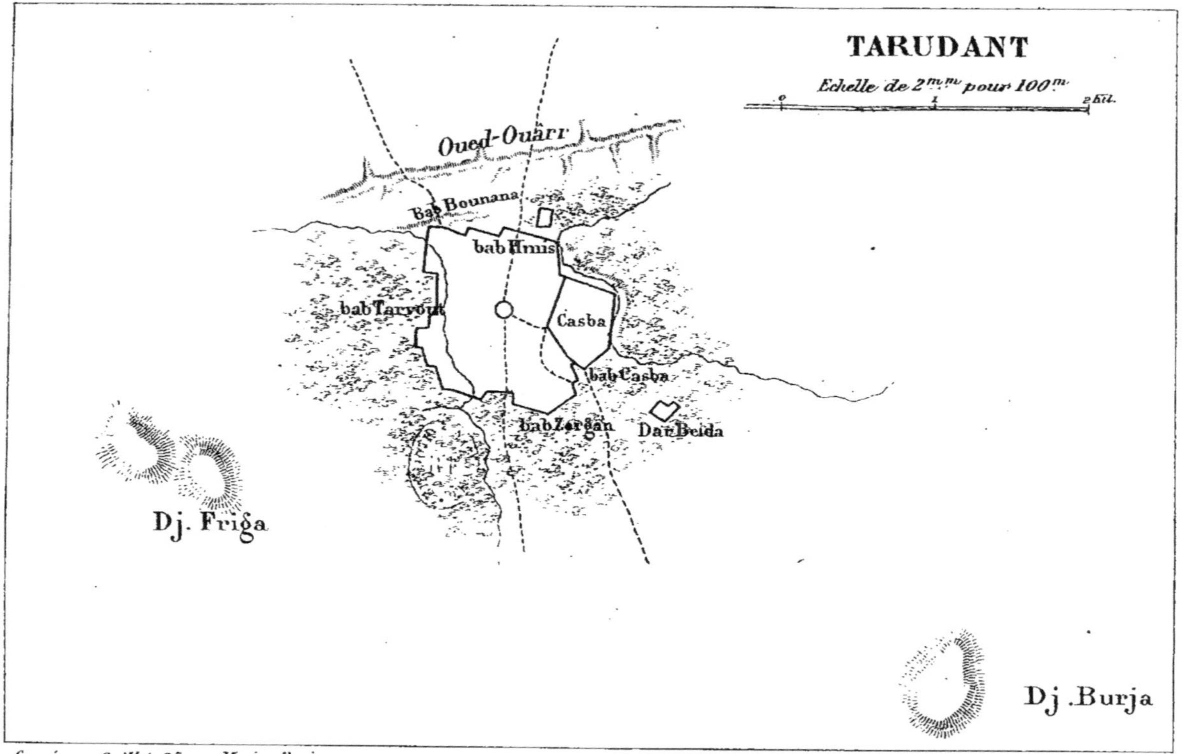

Gravé par Guillot, 35, rue Vavin, Paris.
CHALLAMEL aîné, Editeur, rue Jacob, 5, Paris.
Imp. Dufrénoy, 34, rue du Four, Paris.

seraient obligés de se contenter de mets grossiers et notamment de pain noir fabriqué dans des plats; ils n'y seraient pas en sûreté avec l'habillement européen.

Le sultan y est représenté par un caïd, mais la police est si mal faite qu'on y assassine les gens en pleine rue. Bref, le séjour de Tarudant est encore plus pénible que celui des autres villes du Maroc.

Le terrain des environs est sensiblement plat, raviné et occupé par des jardins d'oliviers. Au nord se trouve un torrent appelé oued Ouarr, au sud un vieux palais appelé Dar-Beïda.

Au sud-est et au sud-ouest on voit des collines situées à 3 ou 4 kilomètres de l'enceinte. La tribu la plus importante des environs est celle des Ouled-el-hallouf (enfants du sanglier) ainsi nommés à cause de leur sauvagerie.

L'oued Sous, qui coule près de Tarudant, est dérivé par de nombreuses séguia, en sorte que son lit est presque toujours à sec en été et qu'on peut y passer sans s'en douter.

Tarudant est à une altitude de 210 mètres environ : la surface de la partie habitée est de un kilomètre carré et demi; la population peut être évaluée à 6 ou 7,000 habitants au plus.

Route d'Agadir à Tarudant.

La route d'Agadir à Tarudant se fait facilement en deux jours; on traverse successivement les tribus de Mesegguen, de Xima, de Haouara et des Ouled-el-hallouf; on doit prendre les plus grandes précautions pour faire ces voyages, parce que les habitants ne sont pas habitués à voir des étrangers. On traverse un terrain plat, légèrement mamelonné par places, et coupé de haies, ruisseaux et seguia.

On trouve sur sa route un grand nombre de villages entourés de figuiers de Barbarie. Cette route est très difficile en hiver par suite des débordements de l'oued Sous et des nombreux torrents qui sortent de l'Atlas. Il en résulte que pendant cette époque de l'année la ville de Tarudant est à peu près bloquée.

Ports du Sous.

En partant de l'embouchure de l'oued Sous, on trouve les mouillages suivants :

Sbâa Bouir, latitude 30° 15′.

Oued Massa; on peut débarquer au sud de son embouchure près du marabout de Sidi Ouasi.

Sidi ben Nouar, Sidi ben Fdol, oued Garizin, au sud de Massa; ces mouillages sont très peu connus.

Massa.

Massa est la réunion de neuf villages dont le principal se nomme Arbalo : ils appartenaient autrefois aux Portugais. Les cultures de Massa sont arrosées par l'oued Oulrass, mais malheureusement elles sont envahies par les sables que le vent de la mer ne cesse d'y accumuler; pour parer en partie à cet inconvénient les habitants protègent leurs champs au moyen de haies épaisses et de murs en pierre sèche.

Aglou.

Le pays d'Aglou renferme un grand nombre de villages riches et peuplés, arrosés par des sources et protégés contre le vent de la mer.

Le mouillage d'Aglou est très mauvais.

Tiznit.

Tiznit est une ville de 1,000 habitants environ, autrefois fortifiée. Le sultan y fait construire une casbah.

A peu de distance se trouvent la koubba de Sidi Ahmed ou Moussa et une localité appelée Ilir, habitée par le marabout Sidi Hachem, dont l'autorité a disparu en grande partie.

Sidi Ahmed ou Moussa est le centre d'un marché important où on vend des produits du Soudan qui viennent par Assaka, Tata et Tendouf.

Pour se rendre de Tarudant à Tiznit ou à Si Ahmed ou Moussa, on passe par Dar-Dlimi, grand village dont le caïd Ould-Dlimi était autrefois le plus grand bandit de la contrée.

A Dar-Dlimi nous avons trouvé des traces du docteur Lentz; ce voyageur passa par le col de Bibaouan et Tarudant où il eut de grandes difficultés, il se rendit ensuite à Dar-Dlimi et à Si Ahmed ou Moussa sous la protection du caïd Ould Dlimi : de là il partit pour Tombouctou.

Pays au sud de Tiznit.

Le pays qui se trouve au sud de Tiznit peut être comparé aux hauts plateaux de l'Algérie; l'eau et les céréales y sont rares et on commence à voir apparaître les nomades qui vivent du produit de leurs troupeaux et trafiquent avec le Soudan.

D'après les renseignements qui nous ont été donnés sur cette côte, on y trouverait successivement les mouillages suivants :

	Latitude.
Mireleft	29° 30′
Si Mohammed ben Abdallah	29° 28′
Ifni	29° 20′
El Kchich	29° 10′
Sok Nsara, près de El Kchich	

	Latitude.
Assaka, embouchure de oued Noun...	28° 59'
Oued Drâa........................	28° 43'
Oued Chbika	28° 19'
Porto-Cansado	28° 06'
Cap Juby........................	27° 58'

L'embouchure de l'oued Kchich a été utilisée par M. Curtis (du Nord African trading company), pour faire du commerce avec les habitants. Le sultan s'émut de cette affaire, força M. Curtis à s'en aller et envoya le bataillon des Bokhari pour surveiller la contrée.

A l'embouchure de l'oued Assaka se trouve un mouillage qui ne vaut pas El-Kchich; le sultan doit faire construire un port à l'un de ces deux endroits.

Oued-Noun est le nom d'une vallée dans laquelle se trouve la rivière de ce nom; elle est souvent desséchée et on y creuse des puits pour arroser les récoltes.

La principale ville de cette région est Auguelmim ou Glemim, ville ouverte, commandée par le cheikh Beïruck.

Il y a quelques années un Anglais nommé

Butler fit du commerce avec Habib Beïruck, père du précédent, fut séquestré pendant plusieurs années dans le pays et y eut de nombreuses aventures.

A 27° 55′ de latitude, dans le voisinage du cap Juby, se trouve une localité appelée Terfaïa, où est établi un Anglais nommé Mackenzie.

Mackenzie fait du commerce avec les Tekna, Ouled Dlim, etc.; mais comme il n'a en eux qu'une confiance limitée, il s'est installé dans une île défendue par des canons. C'est une véritable prise de possession, par la force, d'un territoire qui appartient nominativement au sultan.

Au sud du cap Juby se trouve une rivière appelée seguia el Hamra, que les habitants considèrent comme la limite entre le Sahara et le Maroc.

La route de Anguelmin à Terfaïa est très pénible à parcourir; on n'y trouve pas toujours de l'eau et les chevaux du pays ne boivent que tous les deux jours même lorsqu'ils ont de l'eau à profusion.

C'est dans cette région que le sultan doit céder un port aux Espagnols; le pays est tellement nu et désolé que l'Espagne ne gagnerait pas beaucoup à s'y établir.

Communications entre Maroc et Fez.

Pour se rendre de Maroc à Fez, on passe habituellement par Rabat; on va d'abord à Mazagan ou à Azemmour, puis de là on suit le chemin qui court le long de la côte.

Cette route est la plus commode de toutes parce qu'elle n'est pas dangereuse et qu'on y trouve des ressources.

Si l'on veut gagner du temps on peut prendre les routes qui passent à l'est du Jebilet et aboutissent soit à *Kelâa,* soit à *Dar-Ould-Zidoh;* on marche ensuite vers le nord et on traverse la province de Chaouïa.

De Maroc à Kelâa, on traverse l'oued Tensift qui a 500 mètres de large en été et qui est rarement guéable en hiver; on longe la riche zaouïa ben Sassi entourée de jardins, on traverse la province de Rhamena qui est soumise et cultivée et on campe à la zaouïa de Tamelelt où réside le caïd. Le pays est arrosé par des seguia dérivées de l'oued Técaout. De Tamelelt on traverse la province pierreuse de Zemran et on campe à Kelâa.

Kelâa est une petite ville qui peut renfermer de 1,000 à 1,500 habitants; elle est entourée de jardins bien arrosés.

On se dirige ensuite vers Rabat en traversant des plaines soumises et en campant chez les caïds.

L'oum Rbéa est guéable en été.

Cette route est praticable aux voitures avec quelques difficultés.

De Maroc à Dar-Ould-Zidoh on peut suivre trois voies : par Kelâa et Dechera, par Tamelelt et El Gnater, par Bzou et Entifa.

La première passe dans un terrain plat et traverse successivement l'oued Tecaout, qui a habituellement 1,000 mètres de large, puis l'oued el-Abid qui est très encaissé et n'a que 500 mètres de large au maximum.

Ces rivières (surtout l'oued el-Abid) ne sont

pas toujours guéables, on n'y trouve pas de bateaux et il faut bien prendre ses informations avant de partir, sans quoi on pourrait être bloqué par des crues subites. Ces crues ont lieu principalement en temps de pluie, puis au mois de mai, au moment de la fonte des neiges de l'Atlas.

Par la troisième route on traverse un terrain plat jusqu'à l'oued Lakder, qui est moins difficile que l'oued Tecaout; ensuite on pénètre dans le pays de Entifa par un défilé très étroit et on s'arrête à Bzou, village renommé par la finesse des haïk qu'on y fabrique.

La vallée de Bzou est cultivée; on y trouve des céréales en quantité. A partir de Bzou on traverse un second défilé dont les parois sont à pic et dont le fond est tellement accidenté que deux personnes à peine peuvent y passer à la fois.

On descend avec la plus grande difficulté la berge de l'oued el-Abid et on passe cette rivière sur un pont de 50 mètres de long.

La région dans laquelle on pénètre est habitée par diverses tribus insoumises, entre autres celles de Aït Attab qui habitent dans des *bordj* (forteresses) carrés de 40 mètres de côté environ, munis quelquefois de tours en pierre.

Le pays produit des céréales et des amandes en abondance.

Pour sortir des Aït Attab on passe par la tribu, des Beni-Aïat, en suivant à travers les rocs un chemin entièrement dangereux, puis on arrive à Dar-Ould-Zidoh, dans la plaine.

On pourrait suivre cet itinéraire sous la protection du caïd ben Muedden, de Entifa, qui a une grande influence dans le pays.

De Dar-Ould-Zidoh on traverse la province soumise et cultivée des Beni-Miskin, puis celle de Chaouïa où les herbes atteignent plus de 2 mètres de haut. On campe chez les caïds du pays et on trouve de l'orge et des provisions en abondance. A une petite distance de Casablanca, on suit le bord de la mer.

Région de Tedla.

Entre l'oued el-Abid et l'oum Rbéa se trouve la région de Tedla.

Ces montagnes ont plus de 400 mètres de haut et vont rejoindre la grande chaîne de l'Atlas. Elles sont habitées par un grand nombre de tribus insoumises et très riches; on y trouve des arbres fruitiers de toute sorte et sur les pentes inférieures on cultive une grande quantité de céréales.

On y voit plusieurs casbah, entre autres celle des Beni-Melell et celle des Aït-Rbâa.

La casbah des Beni-Mellel renferme plus de 1,000 habitants; en face se trouve un défilé défendu par trois petits bordj appartenant aux Aït Seri.

Les Aït Atta ont une fraction dans ces parages et viennent y faire des razzia nombreuses.

La casbah des Aït Rbâa renferme environ 1,500 habitants, parmi lesquels une centaine de juifs.

On y trouve les ruines d'un vieux palais datant de Mulay-Mdehebi ; un caïd nommé par le sultan y réside mais n'a guère sur les tribus qu'une autorité nominale.

L'oum Rbéa roule à côté de la casbah, dans un lit de roches aiguës. On le traverse sur un pont qui a 150 mètres de long et 2 mètres de large. Au nord se trouve la ville sainte de Béjad, habitée par le marabout Ben-Daoud, dont l'influence est considérable.

La tribu des Zayane se trouve dans la montagne près des sources de l'oued Oum-Rbéa.

Au sud des Zayane un marabout nommé Mhaouch, complètement indépendant, domine les Berbères de la montagne.

Le sultan Mulay-Ismaël pouvait aller à Mekinez par une route, qui partait de Béjad et suivait à peu près une ligne droite ; aucun sultan n'a plus pris cette route depuis.

Pays des Zaër.

Le pays des Zaër, qui fut parcouru en 1881 et 1883 par l'armée marocaine, est une des contrées les plus sauvages et les plus dangereuses du Maroc.

On y remarque le passage de *el Biban* (les portes) où se rencontrent quatre sentiers, une longue arête de rochers appelée *Sokhra Djaja* (rocher de la poule) et une localité nommée Bakora, où on trouve de l'eau et quelques ressources.

Sur le territoire des Beni-Hiran existe une trouée qui permet d'aller des Zaër à la plaine de Chaouïa.

Les Zaër sont la terreur des environs, ils vont jusqu'à intercepter la route de Casablanca à Rabat et transportent leur butin dans les montagnes, où nul ne peut aller les chercher; à la moindre alerte ils plient leurs tentes et s'enfuient.

Au nord des Zaër se trouve un long et inextricable ravin nommé *Kourifla*, à partir duquel le terrain devient moins accidenté.

On va de Kourifla à Rabat en un jour en passant par la casbah de Temara, où habite un caïd du sultan.

Le pays des Zaër ne peut être parcouru par

aucun voyageur, même escorté; pour punir les méfaits de ces pillards le gouvernement n'a qu'une ressource : c'est de les saisir sur le marché de Rabat lorsqu'ils viennent y vendre leurs produits.

CHAPITRE II.

RELIGION.

> La religion, surtout dans l'Orient, terre théocratique par excellence, est le mobile des peuples : leur nationalité est dans leur dogme, et leur destinée dans leur foi.
>
> (LAMARTINE.)

Au Maroc, presque tout s'explique par le Coran, qui est la loi suprême des musulmans.

Chez eux, le Coran passe pour avoir été dicté par Dieu lui-même; ses versets sont des axiomes dont il est interdit de s'écarter.

En lisant les quelques versets que nous citons, d'après la traduction de Kazimirsky, on aura une idée approchée du contenu de ce livre.

« Au nom de Dieu clément et miséricordieux.

Louange à Dieu, maître de l'univers.

Le Clément, le Miséricordieux.

Souverain au jour de la rétribution.

C'est toi que nous adorons. C'est toi dont nous implorons le secours.

Dirige-nous dans le sentier droit.

Dans le sentier de ceux que tu as comblés de tes bienfaits.

Non de ceux qui ont encouru ta colère (juifs) ni de ceux qui s'égarent (1) (chrétiens) ».

« Ce livre n'est point inventé par quelque autre que Dieu; il est donné pour confirmer ce qui était avant lui et pour expliquer les écritures qui viennent du Maître de l'univers; il n'y a point de doute à cet égard. »

« Disent-ils : C'est lui (Mohammed) qui l'a inventé, réponds-leur : Composez donc un seul chapitre semblable, appelez-y même tous ceux que vous pouvez, hormis Dieu, si vous êtes sincères... »

« Les juifs n'ont pas cru à Jésus; ils ont inventé contre Marie un mensonge atroce. »

« Ils disent : Nous avons mis à mort le Messie, Jésus, fils de Marie; non, ils ne l'ont pas tué, ils ne l'ont pas crucifié : un homme qui

---

(1) Ces versets forment la prière appelée le *Fatah* (ouverture).

lui ressemblait fut mis à sa place, et ceux qui disputaient là-dessus ont été eux-mêmes dans le doute. »

« Ne dites point : Il y a trinité; cessez de le faire, ceci vous sera plus avantageux : car Dieu est unique. Loin de sa gloire, qu'il ait eu un fils. A lui appartient tout ce qui est dans les cieux et sur la terre. Son patronage suffit, il n'a pas besoin d'un agent. »

« O croyants, ne prenez pas pour amis les juifs et les chrétiens, ils sont amis les uns des autres, celui qui les prendra pour amis finira par leur ressembler, et Dieu n'est pas le guide des pervers. »

« O croyants, soyez patients, luttez de patience les uns avec les autres, soyez fermes et craignez Dieu. »

« Point de contrainte en religion. La vraie route se distingue assez de l'égarement. »

« Lorsque tu vois les incrédules entamer la conversation sur ces enseignements, éloigne-toi d'eux jusqu'à ce qu'ils entament une autre matière. »

Ces passages expliquent la haine mêlée de

commisération que les musulmans ont contre les chrétiens, les mauvais traitements qu'ils font subir aux juifs ; la patience avec laquelle ils attendent le triomphe de leur cause, l'extrême difficulté qu'un chrétien éprouve à discuter de religion avec un musulman.

D'autres versets prouvent que la société arabe doit différer complètement de la nôtre, par suite de l'esclavage de la femme.

« Les femmes sont votre champ ; allez à votre champ comme vous voudrez, mais auparavant faites quelque chose en faveur de votre âme. »

« Les hommes sont supérieurs aux femmes à cause des qualités par lesquelles Dieu a élevé ceux-là au-dessus de celles-ci... Vous réprimanderez les femmes dont vous aurez à craindre l'inobéissance, vous les reléguerez dans des lits à part, vous les *battrez*, mais aussitôt qu'elles vous obéissent, ne leur cherchez point querelle. Dieu est élevé et grand. »

« Si vous craignez d'être injustes envers les orphelins, n'épousez parmi les femmes qui vous plaisent que deux, trois ou quatre ;

si vous craignez encore d'être injustes, n'en épousez qu'une seule ou une esclave. »

L'habitude des Arabes de se saluer longuement vient du verset suivant :

« Si quelqu'un vous salue, rendez-lui le salut, plus honnête encore, ou au moins rendez le salut : Dieu compte tout. »

Le Coran cherche à éviter les combats et les meurtres entre musulmans.

« Pourquoi un croyant tuerait-il un autre croyant, si ce n'est involontairement? »

« Celui qui tuera volontairement un croyant aura l'enfer pour récompense. »

Dans beaucoup d'autres endroits, la guerre contre les infidèles est considérée comme une chose méritoire.

Le Coran punit l'adultère du fouet, édicte la peine du talion pour le meurtre et condamne les voleurs à avoir les mains coupées.

Le Coran règle la nourriture des Arabes, leur interdit de manger de la chair de porc ou d'animaux égorgés sans que le nom de Dieu eût été invoqué. Néanmoins, les femmes du Maroc mangent tout ce qui est réputé engraisser, embellir ou guérir certaines maladies.

Le Coran défend le vin, les jeux de hasard et les statues.

Par statues, il entend les statues d'idoles. Au Maroc on s'appuie sur ce verset pour interdire la représentation de la figure humaine, d'où il résulte que les Marocains sont incapables de comprendre un dessin ou un tableau.

En beaucoup d'endroits du Coran, l'usure est énergiquement flétrie. Au Maroc il s'ensuit qu'il est défendu de placer l'argent à intérêts, de sorte que les affaires financières sont interdites aux Marocains.

Enfin le Coran fait aux musulmans les promesses les plus propres à les impressionner. Il leur promet des jardins délicieux abondamment arrosés, il ajoute qu'ils y trouveront des vierges aux yeux noirs, exemptes de toute souillure, tandis que les infidèles seront dans l'ombre d'une fumée noire, abreuvés d'eau bouillante et se rempliront le ventre du fruit d'un arbre maudit.

C'est surtout dans l'espoir de voir ces alléchantes promesses se réaliser qne les musulmans pratiquent leur religion.

Le Coran étant fort obscur a donné naissance à de longs commentaires dont le plus usité est celui de Beidaouï.

Des sectes.

Mahomet laissa quatre filles dont une seule, Fathma-Zahra, engendra.

Fathma épousa le premier homme converti à l'islamisme, Ali, fils de Bou-Taleb, oncle de Mahomet. Ali était renommé par sa foi robuste, son attachement au Prophète auquel il avait sauvé la vie; néanmoins il ne fut pas immédiatement nommé successeur de Mahomet et fut supplanté successivement par Abou-Beker, Omar et Osman, qui gouvernèrent l'Islam avec le titre de *calife* (khalifa, lieutenant de Mahomet), ou d'*émir* (commandeur des croyants), ou d'*imam* (pontife).

Le verset du Coran qui interdit aux musulmans de se tuer entre eux fut singulièrement appliqué par les descendants de Mahomet :

Osman mourut assassiné et fut remplacé par Ali; son pontificat ne s'accomplit pas sans difficulté et il mourut assassiné à son tour après avoir eu de Fathma deux enfants, Hacen et Hussein, dont les descendants prirent le titre de *chérif* (noble) qu'on n'attribuait auparavant qu'aux membres de la famille qui gouvernait à la Mecque.

Ali eut d'autres femmes que Fathma et on donna le nom de *Alaouï* à tous ses descendants sans distinction, de sorte que les *Alaouï* ne sont pas tous *cheurfa* (pluriel de chérif).

Hacen succéda à Ali; mais, fatigué des difficultés de la situation, il céda la place à un autre calife et fut empoisonné quelque temps après. Hussein chercha à conquérir l'héritage de son père, mais il fut assassiné par les partisans de Yezid, calife régnant.

De la mort de Hussein date une scission profonde dans l'islamisme : les partisans d'Ali, auxquels on donne le nom injurieux de *chiites* (sectaires) continuèrent à révérer comme imam les descendants d'Ali, quoiqu'ils n'eussent pas le pouvoir effectif, et à considérer les trois premiers califes comme des usurpateurs.

Le douzième descendant d'Ali ayant mystérieusement disparu, les Chiites s'empressèrent de dire qu'il était caché quelque part et attendait le moment favorable pour apparaître au grand jour.

L'imam attendu n'arrivant pas, ils déclarèrent alors qu'un autre descendant d'Ali qu'ils appellent le *medhi*, ou l'imam dirigé, doit revenir un jour pour guérir les maux des fidèles; d'après une prophétie célèbre, le medhi doit surgir de la ville de Massa, dans le Sous. Il doit se réunir à Jésus-Christ et à Hélie et fonder une religion unique, après l'adoption de laquelle doit venir la fin du monde.

Les Persans ont adopté la doctrine chiite et entretiennent constamment un cheval sellé qui doit servir de monture au *medhi*. Tous les ans, les chiites les plus fanatiques se réunissent sur une place et se distribuent réciproquement des coups de sabre sur la tête en mémoire de la mort de Hussein. Cette cérémonie se fait encore à Constantinople sous le balcon de l'ambassadeur de Perse.

On appelle *sonnites* les musulmans qui admettent que le calife peut être pris en dehors des descendants d'Ali et prennent comme règle de conduite la *sonna* (tradition de Mahomet).

Cette tradition a été conservée par plusieurs docteurs musulmans, entre autres par Sidi-Bokhari, auteur du livre *Recueil de vérités.*

Au Maroc, le livre de Bokhari est révéré à l'égal du Coran. Tous les ans, le sultan, entouré des plus savants docteurs de la cour, en fait la lecture avec un cérémonial spécial.

On trouve dans Bokhari une foule d'histoires incompréhensibles et plusieurs prophéties, entre autres celle du Moul Sâa (maître de l'heure) qui doit surgir un jour et faire adopter la religion de Mahomet sur toute la terre. Il doit s'appeler Mohammed-ben-Abdallah, c'est-à-dire avoir le même nom que le Prophète.

Dans les expéditions, la garde noire dont nous avons parlé se fait précéder par un cheval portant le Bokhari; à l'étape, ce livre est respectueusement enlevé par des jeunes gens de grande famille, et transporté dans la tente du sultan.

Les sonnites sont partagés en quatre rites, qui diffèrent principalement par la manière de faire la prière : ce sont les rites *maleki*, *hanafi*, *humbeli*, *chafaï*.

Le rite maleki est usité au Maroc et en Algérie, le hanafi en Turquie.

Cheurfa (1).

Au Maroc, les chérifs font précéder leur nom du mot : *Moulay* (mon maître). En Orient on leur refuse ce titre.

Les chérifs du Maroc se partagent en trois grandes familles, toutes trois prétendant descendre de Fathma. Ce sont :

Les cheurfa Drissi, les cheurfa Filali, les cheurfa d'Ouezzan.

L'islamisme fut propagé dans l'intérieur du Maroc par Mulay-Driss, fils de Abdallah-el-

---

(1) Pluriel du mot *cherif*.

Kamel (le complet), fils de Hassan, fils de Hassan-el-Sebt (petit-fils de Mahomet par sa mère), fils de Ali, fils de Bou-Taleb.

Mulay-Driss étant venu d'Arabie au Maroc pour se soustraire aux persécutions du calife Abassid el-Mehdi, se fixa à Oulily (ancienne Volubilis) et fonda la dynastie idrissite qui régna deux cents ans.

Son fils fonda Fez. La dynastie des Zenata enleva le pouvoir aux cheurfa et fonda Ouchda. Elle fut renversée par celle des Almoravides (marabouts) qui commencèrent la conquête de l'Espagne et fondèrent Maroc. Les Almohades (unitaires) leur succédèrent et portèrent la puissance des Arabes à son apogée.

La dynastie des Beni-Meryn succéda à celle des Almohades, mais ne put garder que la partie de leur empire correspondant à peu près au Maroc actuel. Les Portugais s'emparèrent des ports marocains de l'Atlantique; les Espagnols mirent la main sur ceux de l'Océan et la puissance des musulmans dans l'ouest ne fit que décliner.

Les cheurfa Hassani profitèrent habilement de la situation, prêchèrent la guerre sainte et renversèrent les Beni-Meryn. Ils enlevèrent successivement tous les ports du Maroc aux Portugais et les chassèrent définitivement après la bataille de El-Kassar-El-Kebir.

Après une série d'événements auxquels les Turcs prirent une part active, les cheurfa Hassani, dont la tyrannie était devenue intolérable, furent renversés par les cheurfa Filali, qui règnent actuellement.

Le fondateur de la dynastie est un nommé Hassan, né à Iambo, en Arabie, qui vint au Tafilet et acquit rapidement une grande réputation de sainteté.

Peu de temps après l'arrivée des cheurfa, la récolte des dattes devint plus abondante que d'habitude : soit qu'ils eussent réellement perfectionné la culture du palmier, soit que le hasard fût venu à leur aide, ils passèrent pour avoir attiré la *baraka* (bénédiction) de Dieu sur le Tafilet, et l'un d'eux fut nommé roi de Tafilet sous le nom de Moulay-Ali-Chérif. Après lui vinrent successivement : Sidi

Mohammed, Mulay-Richid, qui conquit Maroc, et Mulay-Ismaël, qui reprit Tanger aux Anglais et ouvrit des relations diplomatiques avec Louis XIV. Doué d'une énergie sauvage, se souciant peu des femmes et de la bonne chère, n'ayant aucun respect pour la vie humaine, Mulay-Ismaël, au dire des Arabes, aurait guerroyé pendant treize années consécutives sans se déshabiller.

Ce sultan peut être considéré comme le fondateur du Maroc moderne.

Après sa mort, le trône chérifien fut occupé successivement par : Mulay-Ahmed Mdehebi, Mulay-Abdallah, Sidi-Mohammed, Mulay-Yazid, Mulay Hescham, Mulay-Sliman, Mulay-Abder-Rahman, Sidi-Mohammed qui, étant lieutenant de son père, fut battu à la bataille d'Isly et fut ensuite vaincu par les Espagnols près de Tétouan.

Le traité qui fut signé à la suite de cette guerre renfermait, entre autres conditions, le paiement d'une indemnité de cent millions de francs, la cession d'un port à Santa-Cruz de

Mar Pequêna, en face des Canaries, et celle d'un territoire près de Ceuta.

Sidi Mohammed mourut en 1873.

Les descendants de Mulay-Driss, dispersés par tout l'empire, se multiplièrent beaucoup et formèrent des tribus entières. Peu estimés à cause de leur nombre même, ils prétendent prouver leur illustre origine au moyen de longs parchemins qu'ils portent en sautoir dans leurs voyages, et à l'aide desquels ils exploitent la crédulité publique.

Les cheurfa Filali, au contraire, sont moins nombreux que les cheurfa Drissi et se connaissent tous, en sorte qu'ils n'ont pas besoin de papiers pour prouver leur descendance. Ils forment une bonne partie de la population de Tafilet, et vivent surtout des libéralités de Mulay-Hassan, qui dépense pour eux des sommes considérables.

Ils sont remuants et difficiles à conduire.

Chez eux, on trouve plusieurs prétendants au trône, exilés à la suite des nombreuses révolutions dont le Maroc a été le théâtre.

Parmi les cheurfa Drissi il est une famille

qui jouit d'une grande vénération chez les Arabes. Elle habite Ouezzan, petite localité située entre Fez et Tanger. Le chef de cette famille, El Hadj Abdeslam, très connu sous le nom de *chérif d'Ouezzan,* passe pour descendre de Fathma plus directement que Mulay-Hassan ; en outre il est le chef de la puissante congrégation de Mulay-Taïeb ; mais depuis quelques années son intempérance, son intimité avec les chrétiens et son mariage avec une Anglaise lui ont fait perdre une grande partie de son autorité auprès de ses coreligionnaires (1).

Des hadji.

Les musulmans doivent autant que possible aller visiter la Mecque une fois dans leur vie. En revenant de ce pèlerinage, ils prennent le titre de *el hadj* (le pèlerin).

---

(1) Le sultan et le cherif d'Ouezzan paraissent descendre tous deux de Abd-Allah-el-Kamel, dont il a été question plus haut ; mais on prétend que l'arbre généalogique de Mulay-Hassan présente une lacune.

C'est le cas dire avec les Arabes : « Dieu sait mieux que personne la vérité. »

Autrefois, le voyage se faisait par voie de terre; une grande caravane partait du Maroc sous les ordres d'un officier du sultan, faisait boule de neige et arrivait à la Mecque en grande pompe; le sultan du Maroc acquérait par là une grande influence.

Aujourd'hui le voyage se fait généralement par mer, les pèlerins partent presque inaperçus et reviennent de même avec le titre de *el hadj,* qui a perdu beaucoup de sa valeur, d'autant plus que dans le nombre il y a de faux pèlerins qui se sont arrêtés pour travailler en Algérie, et qui, après s'être fait expliquer par de vrais *hadj* les cérémonies qui se font à la Mecque, sont revenus tranquillement chez eux. Les *hadj* racontent généralement à leurs concitoyens des histoires à dormir debout. De là l'expression : *Bouak-el-hadj* (ton père était pèlerin), au moyen de laquelle on coupe la parole à un individu dont les hâbleries sont trop fortes.

Des ablutions.

Les musulmans doivent prier plusieurs fois par jour, et chaque prière doit être précédée d'une ablution.

Il y a deux sortes d'ablutions : la grande et la petite : la grande se fait au bain maure (hammam) dans des circonstances qui ont souillé l'homme et la femme; la petite consiste à se laver sommairement le visage, les mains et les pieds.

Lorsque l'on est dans l'impossibilité de faire ses ablutions, on simule l'opération en étendant ses mains sur une pierre polie.

Une ablution peut servir à plusieurs prières, à condition que dans l'intervalle, on n'ait satisfait à aucun besoin naturel.

Prières.

Au Maroc, on ne fait usage que des heures solaires, de sorte que les Maures qui possèdent des montres sont obligés de les régler quotidiennement sur le soleil. Dans l'entourage du sultan, on ne s'en tient pas là. Des gens appelés *mouketin* prennent plusieurs fois par jour la hauteur (*ortifa*) du soleil, calculent l'heure et rectifient les montres en conséquence. Tous les jours, ils envoient au sultan une note indiquant les heures exactes des prières, qu'ils calculent en tout lieu au moyen de la latitude (*ord*) et de la déclinaison du soleil (*mil*).

Ils font ces calculs machinalement, avec des tables de logarithmes, sans se douter pour la plupart que ces tables servent à autre chose qu'à calculer les heures.

On doit prier cinq fois par jour :

Entre le moment appelé *tadera* (une heure et demie avant l'aurore) et l'aurore (fedjer);

Au milieu du jour (*dôr*), depuis midi un quart (*louly*) jusqu'à deux heures moins un quart;

A l'*aseur* (après midi);

Au coucher du soleil (*moghreb*);

A la fin du crépuscule (*âcha*).

L'aseur est la seule heure dont la détermination présente quelque difficulté. Ce moment est arrivé quand l'ombre d'une baguette verticale sur un plan horizontal atteint la longueur de la baguette plus celle de son ombre à midi.

On peut prier dans un endroit quelconque à condition de se tourner du côté du *Kebla* (direction de la Mecque). Jusqu'à ces dernières années les mouketin, ignorant l'usage de la boussole, calculaient cette direction au moyen de la position du soleil.

Les musulmans font leurs prières pieds nus, sur un tapis destiné à cet usage, après s'être débarrassés, au besoin, des objets précieux qu'ils peuvent avoir sur eux.

Ils appuient fréquemment leur front contre le sol et disent certaines prières qu'ils entremêlent de l'exclamation *Allah kebar* (Dieu est le plus grand!).

Pendant qu'ils prient, on ne doit point passer devant eux, de peur de les distraire.

On ne doit pas prier en dehors des heures fixées; pendant les périodes qui séparent les heures des prières on peut prononcer certaines paroles plusieurs milliers de fois, en égrenant un chapelet. Bien souvent pour éviter de répondre à une question embarrassante, les Maures, prenant un air béat, feignent d'être absorbés par leur chapelet.

Ces heures ont été évidemment réglées d'après les occupations des Arabes en route : la prière du fedjer habitue à se lever de bonne heure pour seller les animaux et partir dès l'aurore, l'intervalle de midi à l'aseur est celui de la sieste; le moghreb est celui de l'arrivée à l'étape et l'âchâ est celui du souper.

Comme la meilleure partie des étapes se fait de l'aurore à midi, on ne doit pas s'arrêter pour prier pendant cette période, afin de ne pas perdre un temps précieux; toutefois il est permis d'égrener des chapelets : c'est même un moyen d'apprécier les distances, car on entend souvent les Maures dire : *Tel endroit est à tant de chapelets de tel autre...*

Le cas où on ne verrait pas le soleil et où on serait dans l'impossibilité de connaître les heures est prévu : on doit prier lorsqu'on juge que le moment est arrivé. Lorsqu'on prie en expédition, il est recommandé de prendre des précautions pour ne pas être surpris; dans les villes, on ferme les portes pendant la prière du vendredi (qui est le dimanche des musulmans), afin que l'ennemi ne puisse pas s'y introduire pendant que la population mâle est occupée dans les mosquées.

Mosquées.

Chaque mosquée est dirigée par un *feky imam*, assisté de un ou plusieurs *muedden*; un *hazzaba* fait la lecture du Coran, qui est partagé en soixante parties, dont on lit deux par jour, de façon à ce que chaque mois le livre soit lu en entier.

Le vendredi on fait un sermon appelé *Khotbah* (sorte de *Domine salvum*) en l'honneur du sultan, et on lit cérémonieusement les lettres qu'il envoie à l'occasion pour signifier ses volontés ou ses victoires. Dans ce dernier cas, on tire le canon pendant la lecture de la lettre.

L'audition du *Khotbah* remplace donc la lecture de notre Journal officiel.

Il n'y a pas à proprement parler de clergé musulman; tout individu assez instruit pour le faire peut remplir le rôle de prêtre.

Les habitants des villes et les grands personnages tiennent naturellement à avoir des *imam* aussi instruits que possible; à cet effet ils choisissent de préférence ceux qui ont reçu le diplôme d'une école en renom, et spécialement celle qui est annexée à la mosquée *Karaouïn*, de Fez.

Les mosquées ont des biens nombreux (terres, boutiques, etc.) appelés *habâs*, administrés par des *nader*, qui en même temps s'occupent des travaux d'utilité publique.

Chaque mosquée a en outre son *adel* (notaire) chargé de tenir les comptes, lesquels sont vérifiés par le *cadi* (juge).

Aux heures des prières, le *muedden* monte au minaret, élève à une potence un drapeau blanc ou une lanterne, appelle les fidèles à la prière et fait la déclaration suivante :

Je rends témoignage qu'il n'y a pas d'autre divinité que Dieu et que N. S. Mahomet est son délégué.

Lorsque les mosquées n'ont pas de minaret, le *muedden* crie sur le pas de la porte ou dans la rue.

Écoles.

Une *medarsa* (école) renfermant parfois une bibliothèque est annexée à chaque mosquée; souvent on profite de ce que ces édifices sont éclairés une partie de la nuit pour travailler à l'intérieur. Les étudiants se groupent dans un coin (*zaouïa*).

Dans ces écoles, les enfants apprennent à réciter quelques versets du Coran, à écrire et à calculer. Quelques-uns poussent l'instruction plus loin, apprenant le Coran en entier par cœur, et étudient les commentaires et autres livres de religion.

Ils sortent alors des écoles en prenant le titre de *taleb* (au pluriel *tolba*); on les promène cérémonieusement dans les rues pour donner aux autres jeunes gens le goût de l'étude. Les tolba écrivent sur leurs genoux, et se servent d'un papier non glacé qu'ils mouillent quelquefois avec la langue pour que l'écriture prenne mieux.

Les plumes sont faites d'un roseau finement taillé; l'écriture est très serrée sans aucun intervalle entre les mots, ni ponctuation, ce qui rend la lecture très pénible.

Au Maroc, on emploie les mêmes chiffres qu'en Europe.

La science de l'écriture est considérée comme un don sacré, la formule *louange à Dieu* (El hamdou lillah)! forme le commencement obligé de toutes les lettres.

Quand les tolba déchirent un écrit quelconque, ils ramassent avec soin les morceaux pour que le nom de Dieu, qui s'y trouve inscrit à profusion, ne puisse pas être foulé aux pieds. Pour le même motif, on ne doit pas faire figurer le nom de Dieu sur les monnaies.

Quand un taleb continue ses études et arrive à connaître très sérieusement les livres de la loi, à rédiger des actes, lettres d'affaires, etc., il prend le titre de *feky*. Il peut alors être secrétaire d'un haut personnage, *adel* (notaire), *cadi* (juge), professeur dans une medarsa, ou occuper des emplois dans le gouvernement.

Les feky du Maroc passent pour fort instruits; ils ont à Fez des écoles importantes.

État de l'instruction.

Le mot *feky* peut être traduit par *clerc* dans l'ancienne acception du mot. En dehors du Coran, des commentaires de Sidi Bokhari, de quelques notions de géométrie et d'astromie nécessaires au calcul des heures, les feky sont d'une ignorance profonde; le peu qu'ils savent actuellement vient des Européens, avec lesquels ils se sont trouvés en contact à diverses époques.

Quelques-uns étudient la géométrie dans une traduction de Legendre et récitent quelques théorèmes par cœur; ils prennent le titre de *mohendez* (géomètres), mais ne cherchent pas à s'instruire davantage, parce qu'ils ne sont pas encouragés.

Pour eux le monde se partage en deux

parties : *le Berr nsara*, pays des chrétiens, où on parle le *hajamia*, et le *Berr meslemin* où on parle arabe ou turc.

Ils connaissent deux mers : la petite mer (Méditerranée) et la grande mer (Océan Atlantique); quelques ports, Gibraltar, Marseille, Gênes, Venise (1), Alexandrie.

La Mecque est le centre de *Bled meslemin*, le *Cherk* est l'Orient; le *Mogrheb* est l'occident. Le *Moghreb-el-Aksa* (occident le plus éloigné) représente à peu près le Maroc.

Cette expression n'est connue que par les savants; habituellement le mot Rorb, que nous avons déjà employé dans deux sens différents, sert aussi à désigner le Maroc; sa signification dépend de l'endroit où on se trouve au moment où l'on parle.

Le Sous se partage en deux parties : *Sous-el-Aksa* (Sous le plus éloigné) et *Sous-el-Adna* (Sous le plus rapproché).

Sous-el-Aksa doit désigner le pays qui se

(1) Les Marocains désignent encore sous le nom de *drap vénitien* le drap fin d'une provenance quelconque.

trouve au sud de l'Atlas, et Sous-el-Adna, celui qui se trouve au nord jusqu'à l'Oum-Rbéa. Il règne à cet égard une grande confusion, parce que beaucoup de gens croient que la côte occidentale du Maroc s'étend de l'est à l'ouest.

L'étude de la physique, de la chimie, etc. est presque une impiété ; ils considèrent d'ailleurs ces sciences comme une réunion de recettes et sont loin de se douter de la précision des méthodes qu'on y emploie. Ils confondent la chimie avec l'alchimie et les désignent sous le nom de *cimia* ; le mot *kimia* sert en même temps à indiquer quelque chose d'extraordinaire. Ainsi on dira : Ton cheval est de la kimia pour dire : ton cheval est excellent.

Dans ces dernières années, Mulay-Hassan a cependant fait quelques tentatives afin de changer cet état de choses, et a envoyé des jeunes gens en France, en Angleterre, Italie, Espagne et Allemagne pour étudier dans les écoles. Jusqu'ici ces études n'ont produit aucun résultat sérieux : il en serait autrement si, au lieu d'envoyer en Europe des étudiants obscurs, le sultan y faisait instruire des jeunes gens appartenant aux grandes familles du pays.

Il n'y a ni médecins ni interprètes sérieux à la cour du sultan. La médecine est exercée par de vieilles négresses, par des barbiers qui savent faire une saignée et remettre les jambes cassées, ou enfin par des *tolba* qui ont passé quelques mois à peine en Europe et en ont rapporté des remèdes qu'ils appliquent à tort et à travers, sans connaître exactement les doses.

Les zaouïa.

Lorsqu'un individu connu par sa sainteté, ou comme disent les Arabes, attaché à Dieu (merbout) vient à mourir, ses disciples lui construisent un tombeau en forme de dôme (koubba), qui devient un lieu de pèlerinage. Parfois aussi on élève les koubba en l'honneur de marabouts morts dans des pays éloignés.

Dans le voisinage de ces koubba, s'élèvent

des établissements religieux appelés zaouïa, sortes de monastères renfermant un lieu pour faire la prière, un collège et un local pour les *hôtes de Dieu.*

Quelques zaouïa s'accroissent considérablement et forment des villages.

Les zaouïa importantes deviennent un lieu de refuge pour les individus poursuivis qui s'y rendent en s'y déclarant *mzaoug* (suppliants).

On peut être *mzaoug* en saisissant les pieds du cheval de guerre d'un personnage important ou en se cramponnant à la roue d'un canon, mais ces refuges ne sont que momentanés, tandis que celui qui est mzaoug dans une zaouïa y est hébergé pendant trois jours et peut y rester autant qu'il le désire en vivant à sa guise.

A Fez, le nombre des gens qui se rendent mzaoug à la zaouïa de Mulay-Driss est considérable; aussi, quand on s'apprête à arrêter quelqu'un, s'empresse-t-on de lui couper la route de ce refuge.

Malgré cela, on trouve journellement

à Mulay-Driss des soldats qui ont peur d'être punis, des caïds menacés d'être arrêtés, des Arabes qui ont des réclamations à faire et craignent d'être mis en prison avant que leur requête ne soit parvenue au sultan.

Congrégations religieuses.

Les congrégations religieuses sont très nombreuses au Maroc; la moitié au moins de la population des villes appartient à un ordre quelconque.

Chaque congrégation (*taïfa*) se rattache à des zaouïa qui existent soit au Maroc soit dans d'autres pays musulmans.

L'endroit de ces zaouïa qui est plus spécialement affecté aux exercices de ces congrégations prend le nom de *r'bat* (lien), les affiliés se disent *merbout* (attaché à tel ordre).

Elles ont pour chef une personne qui appartient généralement à la famille du saint, porte le nom de khalifa (lieutenant), et a sous ses ordres des *cheikh* (vénérables) et des *mokaddem* (chefs subalternes).

Les ordres sont généralement partagés en plusieurs branches.

De l'ourd.

L'affiliation se fait de la manière suivante : le postulant se rend dans un r'bat de l'ordre, fait sa demande au cheikh et dépose une offrande à ses pieds. Celui-ci lui enseigne *l'ourd,* c'est-à-dire les prières qu'il devra dire à certaines heures sur un chapelet et les exercices religieux auxquels il devra se livrer quotidiennement.

Ces exercices consistent généralement à se rendre dans le r'bat et à prononcer des prières en agitant la tête de haut en bas et battant du tambourin.

Les musulmans croient qu'en s'y livrant ils seront assistés par le saint au moment de leur mort et conduits sûrement au paradis.

Ceux qui veulent avoir la protection de plusieurs saints, peuvent avoir plusieurs ourd. Ils passent alors une bonne partie de leur existence à réciter des prières sur leur chapelet.

Les ordres les plus répandus au Maroc sont les suivants :

Mulay Abdelkader Gilali (de Baghdad). Cet ordre est répandu dans les quatre rites de l'islamisme ; le sultan de Constantinople en fait partie.

Les adeptes prennent le nom de *kaderi* ou de *gilala,* suivant qu'ils ont reçu l'ordre (l'ourd) dans le sud ou dans le nord.

Les kadéri diffèrent des gilala en ce qu'ils prient moins bruyamment.

A cette congrégation se rattache celle de :

Sidi Mokhtar-el-Kounti, né à Tombouctou.

Ce saint a de nombreux adeptes dans le Sahara. Il descend, paraît-il, de Ben Oumia, descendant lui-même de Yazid, meurtrier de Hussein.

Mulay Ahmed Tedjini. Cette congrégation est très répandue dans le Soudan où elle est en rivalité avec celle de Moktari.

L'ourd de Tedjini consiste à dire matin et soir une prière appelée *ouadifa,* en se tenant sur un drap blanc éclairé par un flambeau.

L'ordre de *Mulay-Taïeb,* dont les affiliés se nomment *thouama* (de Sidi Thami ou Thouami, frère de Mulay-Taïeb), a une influence considérable en Algérie, dans le nord du Maroc et dans le Sous; son ourd est très court.

Cet ordre fut fondé par Mulay-Driss; un de ses descendants, Mulay-Taïeb, en augmenta la puissance en fondant dans la ville de Tarudant (Sous) la médarsa de Dar-Doumana (maison de caution), ainsi nommée parce que les adeptes de Mulay-Taïeb passent pour avoir le pouvoir d'endosser les péchés des croyants.

L'ordre des *derkaoua* se partage en plusieurs branches; nous en citerons deux : l'une qui a pour cheikh Mulay-Arbi-el-Derkaouï (enterré à Bou-Berreh, dans la montagne de Ben Zeroual), l'autre dont le chef était El Badaouï.

A sa mort, il fut remplacé par Sidi-Mohammed-ben-Larbi, chérif Alaouï, résidant à Maghrdra (Tafilet).

Les derkaoua-badaouïn portent un turban vert.

Cette congrégation est fort dangereuse : en 1845, une bande de derkaoua essaya d'enlever le poste de Sidi-bel-Abbès, en Algérie.

Sidi-Mohammed-ben-Abdallah Sedguin, dont les disciples appelés *sedguiin* sont très nombreux au Tafilet et au Maroc.

Les *skelliin*, à Fez. Les deux dernières congrégations partagent avec celle de Mulay-Taïeb l'avantage d'avoir des chefs qui sont à la fois cheurfa et marabouts.

Sidi-Mohammed ben-Nacer. Cet ordre est très répandu sur l'oued Drâa. Beaucoup de Hartani en font partie.

L'ordre de *Mulay Mohammed-ben-Aïssa* est en grande faveur à Mequinez. Ses disciples se nomment *aïssaoua*. Les premiers aïssaoua passaient pour guérir la morsure des serpents venimeux. Par la suite, certains d'entre eux se mirent à battre monnaie en montrant des serpents venimeux appelés *lefâa*, de la morsure desquels ils étaient soi-disant préservés par la vertu de Sidi-Aïssa.

Le lefâa est un serpent court et aplati, très connu dans le Sous. Il paraît qu'on l'étourdit avec la fumée, qu'on le saisit ensuite adroitement par la tête et qu'on le fait mordre dans des oignons pour épuiser le venin. Quelquefois on lui attache sur le dos, en long, une fine aiguille qui reste invisible pour les badauds et l'empêche de se jeter sur eux.

Malgré la vertu de Sidi-Aïssa, les accidents sont fréquents. Il est arrivé souvent que des aïssaoua, mordus au moment où ils extrayaient de leur panier ces incommodes pensionnaires, tombèrent foudroyés en laissant échapper les autres lefâa, qui se répandirent dans les habitations en mettant les femmes en fuite par leur sifflement sinistre (cet animal, paraît-il, a peur de l'homme).

A l'époque du *Mouloud*, les aïssaoua parcourent les villes en bande, ils éventrent des moutons vivants, sans le secours d'aucun instrument, et les mangent sur place; ils dévorent aussi les chiens, les chats, etc., qui passent dans la rue.

Mulay-Ali-ben-Hamdouch, dont la zaouïa est située sur la montagne Zehrouan, près de Mequinez, a donné naissance à un ordre dont les affiliés sont appelés *hamadcha*. Les hamadcha ont la réputation d'avoir le crâne extrêmement dur; ils lancent des boulets de canon en l'air et les reçoivent sur la tête, se donnent des coups de hache sur le crâne, etc.

Malgré la légèreté de la hache et la *baraka* de Sidi-Hamdouch, le sang coule en filets sur leur visage.

A la fête du Mouloud, les aïssaoua et les hamadcha opèrent séparément dans les villes; d'une bande d'aïssaoua souillés par les entrailles des animaux qu'ils ont dévorés on tombe sur une bande de hamadcha dont les vêtements blancs sont tachés de plaques rouges. Si les deux troupes se rencontraient, il s'ensuivrait des scènes indescriptibles.

Sidi-el-Rhazi a beaucoup d'adeptes sur l'oued Drâa.

Sidi Ali Mbuono est très connu à Tafilet. On lui attribue le miracle suivant : étant assis sur un mur, il apprit que deux tribus se battaient ; il se transporta immédiatement sur le terrain de la lutte avec son mur, qui sépara les combattants.

Ses disciples se dépouillent de leurs vêtements, montent sur les palmiers et se frottent aux épines en invoquant Moulay-Mohammed ; ils prétendent que si une épine les piquait, l'arbre ne produirait pas de fruits.

Les congrégations suivantes sont moins répandues que celles que nous venons de citer :

Mulay-Ahmed-bou-Taleb, à Milianah (Algérie) : ses disciples jouent avec le feu ;

Sidi-Ali-ben-Nacer (Saint des tireurs), à Maroc) ;

Sidi-Cheikh-ben-Ahmed, à El-Biod (Algérie) ;

Sidi-ben-Daoud, à Fichtala, près de Tétouan ;

Sidi-Ouasmin-Rgregui, dans le pays de Chiadma;

Sidi Mohammed-Bouzian, au ksar de Kenadsa (Maroc);

Sidi-Ahmed-bel-Kébir, à la zaouïa de Kersaz, sur l'oued Ghir.

Ces deux dernières congrégations sont beaucoup plus répandues en Algérie qu'au Maroc.

Sidi Ahmed-Snoussi, à Tripoli.

Cette congrégation, qui trouve les Orientaux trop civilisés, et fulmine contre les Turcs parce qu'ils ont adopté quelques-uns de nos usages, n'a que peu d'adhérents au Maroc; elle n'aurait d'ailleurs pas de réformes sérieuses à y introduire, car c'est dans ce pays que la loi de Mahomet est appliquée avec le plus de rigueur.

Nous citerons en dernier lieu la congrégation des *Ouïziriin*, à Fez. Elle forme une véritable société secrète, dont aucun étranger ne connaît les statuts, et les membres opèrent dans le secret le plus complet. Les Ouiziriin, paraît-il, ont des émissaires partout.

Saints sans congrégation.

La ville de Fez a pour patron Mulay-Driss, fondateur de la ville, et fils de l'introducteur de l'islamisme au Maroc.

Maroc a sept patrons qu'on appelle les *Sebâa Radjel* (les sept hommes).

Ce sont : *Sidi-bel-Abbès,* — *Moul Ksour,* — *Si Sliman Zaʐouli,* — *Sidi Abd-el-Aʐiʐ,* — *Sidi Sliman Meʐouili,* — *Sidi-Ahmed Soussi,* — *Sidi Yousef ben Ali.*

Sidi-bel-Abbès était le plus important de tous, c'est le patron du commerce. Les mendiants l'invoquent souvent en ces termes :

« O croyants! celui qui veut vendre, celui qui veut acheter, qu'il me donne une aumône en l'honneur de Sidi-bel-Abbès, maître de la vente et de l'achat (commerce), maître de la terre et de la mer. »

Il habitait à Ceuta ; ayant prévu que la ville allait être prise par les chrétiens, il la vendit à un juif pour la valeur d'un pain, afin de pouvoir dire qu'elle n'avait pas été enlevée aux musulmans. Il se rendit ensuite à Maroc et s'installa sur une montagne appelée Gelliz. Il possède dans cette ville une zaouïa qui ne le cède en richesse qu'à celle de Mulay-Driss.

Sidi-bel-Abbès était toujours nu, parce qu'il donnait ses habits aux pauvres ; on lui attribue une foule de prodiges.

Lorsqu'il arriva à Maroc, où il y avait déjà des marabouts vénérés, il fit un miracle qui lui donna immédiatement une grande réputation de sainteté : il renversa un bol de lait sans qu'une seule goutte tombât sur le sol.

Une autre fois les Maures envoyèrent au sultan une plainte par écrit contre Sidi-Bel-Abbès, qu'ils accusaient de séduire leurs filles. Le sultan fit appeler ce saint homme et lui remit la lettre encore fermée en lui disant de la lire lui-même. Sidi-bel-Abbès après l'avoir parcourue répondit que les auteurs de la lettre avaient raison et la rendit au sultan : il avait changé les reproches en louanges et ses détracteurs se retirèrent confondus.

Les habitants de Maroc sont persuadés que la mort n'a diminué en rien la puissance de Sidi-bel-Abbès et racontent le plus gravement du monde l'histoire suivante. Il y a quelques années, un paquebot français chassé par la tempête allait se briser contre un récif, lorsqu'un négociant du Maroc qui se trouvait à bord eut l'idée de jeter son poignard dans la mer en invoquant Sidi-Bel-Abbès : le saint exauça sa prière et calma immédiatement les flots. Quelque temps après, à Maroc, on ouvrit le tronc dans lequel on dépose les offrandes à Sidi-bel-Abbès et on y trouva le poignard du voyageur.

Moul Ksour délivrait des brevets de sainteté qu'il signait de son cachet. Pour ce fait on l'appelle Moul Tabâa (maître du cachet).

Moul Ksour se venge cruellement de celui qui fait un faux serment en invoquant son nom; généralement il lui fait perdre la vue.

Si Sliman Zezouli est l'auteur du Dellil, livre de prières.

Le saint de Mequfinez est *Sidi ben Aïssa*.

Celui de Tarudant est *Sidi-ou-Sidi*.

Celui du Sous est *Sidi Ahmed-ou-Moussa*.

Celui de Tafilet est *Mulay-Ali-Chérif*.

En dehors de ces saints importants, il y en a une foule d'autres.

Nous citerons : *Mulay Yacoub,* qui possède près de Fez, une zaouïa construite auprès d'une source d'eau sulfureuse chaude d'une réelle efficacité. On y envoie d'office les soldats atteints de la *grande maladie.*

Il y a deux piscines ; l'eau, après être entrée dans celle des hommes, va dans celle des femmes.

Pour ne pas y être brûlé en y entrant, il faut prononcer constamment les mots *berd ou Skoun* (froid et chaud).

Citons encore *Sidi Jaber,* dans la zaouïa duquel il suffit de coucher pendant une nuit avec une guitare (gembry), pour savoir jouer de l'instrument le lendemain matin.

Les musulmans croient fermement à ces miracles, au mauvais œil (*aïn*) et aux esprits (*djenounn*).

C'est à la tombée de la nuit que les djenounn se mettent en mouvement. Il y a une foule de choses qu'on ne doit pas faire à ce moment de peur de les attirer.

CHAPITRE III.

LES TRIBUS ET LES VILLES.

> L'Arabe craint la faim et meurt de faim, le Berbère craint d'être assassiné et ne meurt que de mort violente; l'habitant des villes a peur d'être frappé par le froid et meurt de refroidissement.
> (*Proverbe arabe.*)

Organisation des tribus.

On appelle *kebila* (tribu) la réunion d'un certain nombre de familles arabes ou berbères, réunies par des liens de parenté ou par la communauté des intérêts. La première autorité qu'on y rencontre est celle du père de famille.

Les notables peuvent se réunir, former une djemâa (sorte de conseil municipal) et élire un cheikh (vénérable).

Les tribus ont généralement plusieurs

cheikh; chacun d'eux est à la tête d'une farka (fraction) qui renferme plusieurs centaines de tentes et porte parfois le nom de *fehed* (cuisse) ou de *ied* (main); tous les cheikh d'une kebila peuvent se réunir et former une djemâa à leur tour.

Chaque fehed possède un local qui sert de mosquée et un autre où les enfants apprennent le Coran; un cadi (juge) rend la justice.

Les habitants d'un même fehed se considèrent comme frères; quand l'un d'eux parle de *son frère* sans autre explication, on ne sait pas au juste de qui il s'agit.

L'attachement des *kebili* (habitants des tribus) pour le sol natal est très considérable; quoique souvent ils ne trouvent chez eux que la misère, ils s'expatrient rarement sans esprit de retour.

Cette organisation, basée sur la famille, leur suffit, et ils ne sentent nullement la nécessité d'un pouvoir central.

Berbères.

La soumission des Berbères n'est jamais complète. Ils habitent dans des maisons isolées ou réunies en *dchour* (villages), qui constituent autant de petites républiques.

Leur caractère diffère beaucoup de celui des Arabes, ils sont plus francs, plus irascibles et moins fanatiques; chez eux la haine du chrétien se confond avec celle de l'étranger quel qu'il soit.

Leurs mœurs sont plus pures que celles des Arabes.

Ils n'admettent pas toujours le Coran comme loi civile; ils ont un code à eux, nommé *iserf*, dont les dispositions sont appliquées par la djemâa (conseil municipal) de la tribu. Chez eux, lorsqu'on s'empare d'un voleur (pris en flagrant délit), on lui crève les yeux avec un fer rouge ou bien on lui coupe une main et un pied alternés, tandis que chez les Arabes, tout s'arrange avec de l'argent. Si le voleur n'est pas pris sur le fait, on ne le punit pas.

Les meurtriers sont obligés de quitter le pays ; si la vente de leurs biens ne suffit pas pour payer le prix du sang (dia) que la djemâa a fixé, on met la main sur les biens de leurs parents.

Malheureusement, l'autorité du cheikh et des djemâa n'a jamais pu empêcher les vengeances particulières et les combats de village à village et même de maison à maison. Les Chleuh se retranchent chez eux, font des créneaux, des machicoulis ; les cheikh, plus exposés que les autres puisqu'ils ne peuvent pas gouverner sans faire de mécontents, ont dans leur maison une tour isolée qui sert de réduit. Ils ont fort à faire pour maintenir cette population de batailleurs ; il y en a peu qui n'aient reçu plusieurs balles dans le corps.

Dans le Sous, les motifs de querelles sont presque toujours des discussions à propos de seguia (conduites d'eau), car la question de l'eau domine toutes les autres ; dans les pays à séguia, chaque famille a droit à l'eau, pendant un certain temps. On mesure ce temps au moyen d'une bassine percée d'un trou, qu'on met dans un grand vase plein d'eau; le temps que la bassine met à s'enfoncer sert d'unité. Les mesureurs d'eau sont les personnages les plus importants de la tribu, ils tiennent quelquefois un registre d'état civil.

Les Berbères habitent généralement dans les montagnes, ils se distinguent en *djebbala* (montagnards) proprement dits et *diara* (gens du poitrail) qui habitent les pentes inférieures et dont les habitations forment à la montagne une sorte de ceinture ou de poitrail de selle (*dir*).

Bien souvent les diara paient un impôt aux djebbala pour que ces derniers ne leur détournent pas l'eau.

L'état de guerre dans lequel vivent les Berbères, les oblige à être constamment armés; aussi ne sortent-ils jamais de chez eux, sans avoir un poignard, un énorme fusil, dont la détonation égale presque celle d'une pièce de canon, et une poire à poudre artistement ciselée. Leurs sens sont très exercés en vue de la guerre. Quand ils voyagent sur une route, ils étudient toujours les traces qu'ils voient sur le sol, examinent les ravins, les plis de terrain ; si l'un d'eux aperçoit des individus au loin, il est de règle qu'il en fasse l'observation à ses compagnons et qu'on se concerte immédiatement soit pour l'attaque, soit pour la défense, soit pour la fuite.

Lorsqu'une expédition est projetée, les combattants sont prévenus et se réunissent au signal de deux coups de feu, tirés par l'organisateur de l'affaire. Ce signal est d'un usage général.

Les individus qui ont fui pendant le combat sont affublés d'un bonnet de juif et promenés dans les villages ; jusqu'à ce qu'ils soient réhabilités par une action d'éclat, on les abreuve d'humiliations. La plus ordinaire consiste à les obliger à manger après tous les autres dans le plat commun, car *on ne doit être le premier au plat que si on a été le premier à la poudre* (1).

Ils fabriquent leur poudre eux-mêmes avec du salpêtre trouvé dans le pays, du charbon

---

(1) Au combat.

de laurier-rose ou de plantes analogues et du soufre acheté à des colporteurs.

Ils se servent rarement de pistolets, car ils disent que cette arme ne porte pas assez loin et que de près le poignard leur suffit.

Fort adroits, ils savent donner un coup de poignard sans que leur ennemi ait vu sortir la lame du fourreau, ou envoyer un coup de fusil à leur interlocuteur en faisant partir la détente avec le pied.

Tribus soumises.

Les habitants des plaines ne peuvent pas se soustraire à l'autorité des sultans et sont obligés d'accepter les agents du *maghzen* (gouvernement).

A la tête de chaque tribu se trouve un caïd, appelé quelquefois *âmel*. Le caïd est un agent du maghzen, correspond avec lui et possède un cachet (tabâa) officiel, qu'il a presque toujours acheté fort cher.

Le sultan choisit le caïd parmi les cheikh les plus importants de la tribu, quelquefois il ne trouve personne à nommer et est obligé d'imposer un personnage quelconque.

Habituellement le caïd n'a aucune force armée à sa disposition, ses *sahab* (domestiques, clients) lui en tiennent lieu; les caïds imposés ont une situation difficile, et on est obligé quelquefois de leur donner des troupes de renfort.

La nomination du caïd se fait de la manière suivante :

Si la place est vacante par suite de décès ou de destitution, les notables de la tribu se rendent à la cour, soit pour briguer l'emploi, soit pour donner leur avis sur le choix à faire. On nomme généralement celui qui a donné le plus d'argent aux autorités; la nomination faite, le caïd rentre à la tribu avec les notables qui lui servent d'escorte.

Quelquefois le sultan envoie dans la tribu le nouveau caïd et charge un chérif de procéder à son installation et de lire aux notables la lettre chérifienne qui lui confère le cachet.

Le caïd est aidé dans ses fonctions par un *khalifa* (lieutenant) et par des *gerrey*, fonctionnaires chargés de courir de tente en tente pour percevoir les impôts.

Le caïd nomme des cheikh sur la demande de la djemâa, quelquefois il les impose.

Le cheikh a sous sa juridiction un certain nombre de tentes rangées en cercle (douar). Quand on craint les attaques des Berbères, on forme des douars de plusieurs centaines de tentes; dans le cas contraire on se groupe par petites fractions.

Les grands douars sont parfois entourés d'un fossé et d'un remblai qui leur donne un faux air de fortification passagère; souvent le cheikh entoure ses tentes d'un rempart semblable. Ces précautions sont prises surtout pour empêcher les vols d'animaux. Un compartiment spécial est réservé aux hôtes.

Tous les efforts du sultan tendent à substituer dans les tribus berbères l'autorité du caïd à celle de la djemâa, et dans les tribus arabes à remplacer les groupements naturels par des groupements artificiels, de manière à augmenter le rendement des impôts et à triompher plus aisément des résistances locales.

Dans ce but, il substitua aux 18 grands commandements qui existaient autrefois un nombre considérable de petits groupes (330 environ) à la tête de chacun desquels se trouve un caïd.

Les nouveaux caïds sont de minces personnages qui ne peuvent pas songer à résister aux ordres qu'ils reçoivent, la cohésion des tribus se détruit et les impôts rentrent plus facilement; mais malheureusement il arrive que le pays ainsi pressuré par une foule de caïds et par leurs acolytes, marche à une ruine certaine.

Tell marocain.

En Algérie, nous entendons par Tell la région cultivable voisine de la mer, et par Sahara, un pays de plaines arides. Les populations du Tell sont sédentaires, celles du Sahara sont nomades et vivent du produit de leurs troupeaux : de temps à autre, elles peuvent venir en toute sécurité échanger leurs produits contre ceux du Tell.

Laissant de côté le Tafilet, on peut dire qu'au Maroc il y a deux Tell, celui de la Méditerranée et celui de l'Atlantique ; ces deux Tell se réunissent et forment un vaste triangle qui est cultivable jusqu'au 30ᵉ degré de latitude.

Dans cette région privilégiée, on n'entend presque jamais parler du Sahara ; les nomades n'apparaissent qu'au sud du Sous, car le chemin de Rorb leur est barré par les habitants du pays.

Cultures, propriétés.

Dans la plupart des tribus, les biens sont *melk*, c'est-à-dire appartiennent en propre aux habitants qui les cultivent à l'aide de leur famille, ou de fermiers (khammès) auxquels ils donnent le cinquième de la récolte.

Quelquefois, il existe des terrains sans propriétaires connus et qui appartiennent à la djemâa des chefs de tente ; on les fait cultiver par *touïza* (corvée).

Les tribus se déplacent parfois, mais sans sortir d'un cercle assez restreint.

On laboure au moyen d'une charrue en bois, sans roues, munie d'un sabot en fer d'une dizaine de kilogrammes, qui s'use très rapidement; on y attelle tous les animaux possibles et même les femmes : il n'est pas rare de voir un chameau, un âne et une femme tirer la charrue côte à côte.

Le harnachement est des plus primitifs; il se compose le plus souvent d'un bâton placé sur le cou de l'animal, relié à un autre bâton placé sous le ventre, le tout attaché à la charrue au moyen de cordes.

Avec un pareil système, on ne peut labourer que les terres qui viennent d'être détrempées par les pluies, et on perd ainsi l'effet de la première pluie de l'année.

Le sillon n'étant pas beaucoup plus grand que celui d'une forte herse, on peut semer avant de labourer, afin de s'éviter la peine de herser ensuite. La moisson se fait avec des faucilles, sauf dans certaines régions où on arrache simplement les chaumes avec la main.

On ne tire pas parti de toutes les terres labourables : le plus souvent les Arabes ne cultivent que ce qu'il leur faut pour vivre, car ils seraient à peu près certains que leur réserve leur serait enlevée par le caïd.

Tribus du maghzen.

On appelle tribus du maghzen, celles qui, en échange du privilège de ne pas payer d'impôts, fournissent au maghzen un certain nombre de combattants, généralement cavaliers.

Ces tribus ont soit des biens melk, soit des terres du sultan, soit les deux à la fois. Elles forment une sorte de colonie militaire : leurs chefs portent le nom des grades usités dans l'armée.

La réunion des combattants tirés de ces tribus porte le nom de *guich*.

Les cavaliers de *guich* portent une *chechia* conique, vulgairement on les appelle moghazni, ou cavaliers du maghzen.

En outre de la solde qu'ils touchent lorsqu'ils sont en service, ils reçoivent en tout temps une indemnité mensuelle, appelée *râteb*, qui varie selon que la tribu a plus ou moins de terres à cultiver : les tribus les moins riches touchent le râteb le plus élevé, qui est de 40 onces par cavalier et 20 onces par fantassin (l'once valant cinq centimes).

Impôts réguliers.

Les impôts réguliers sont :

L'*achour* ou dixième de la récolte en grains, olives, etc., et la *zekkat* ou 2 % sur la valeur des bestiaux. Ces impôts sont prescrits par le Coran et ne sont pas exagérés; si on savait s'y borner, les Marocains seraient fort heureux, mais il n'en est pas ainsi.

A certaines époques, des *oumana* (intendants), assistés par des caïds de l'armée et par des ingénieurs, se rendent dans les tribus et estiment la valeur des récoltes sur pied; ils font généralement des appréciations exagérées, afin que les Arabes leur donnent une certaine remise pour les ramener à une juste appréciation des choses.

A leur retour, ces individus ont droit à une *sokhra* (commission) qui leur est généralement enlevée par les hauts personnages, parce qu'on n'ignore pas qu'ils ont fait des bénéfices irréguliers.

Pour le zekkat, le caïd prend généralement ce qu'il veut.

L'eau des rivières qu'on détourne au moyen de seguia construites par corvée, appartient au sultan. Les Arabes qui se servent de *l'eau du sultan*, paient le tiers de ce qui reste après le prélèvement de l'achour.

Quelques zaouïa sont exemptes d'impôts ; elles sont dites *horra* (libres). Toutefois cette dispense ne s'applique qu'aux terrains dits *habas*, qui sont dans le voisinage immédiat de la zaouïa.

Impôts accidentels.

Les tribus sont obligées de fournir la *mouna* (hospitalité) aux personnages du maghzen qui voyagent sur leur territoire (lesquels sont souvent fort exigeants), et entretiennent quelquefois pendant plusieurs semaines des individus que le sultan y envoie en subsistance.

Les cheurfa abusent de ce moyen de vivre à bon marché; en revenant au maghzen ils racontent ce qu'ils ont vu et entendu, en sorte qu'un caïd commettrait une grande maladresse en les traitant mal, en ne gorgeant pas leurs domestiques de sucre et de thé, et en ne leur distribuant pas assez de bougies.

Les tribus remplacent les chevaux de l'armée morts sur leur territoire.

Le principe de la responsabilité collective, sans lequel le Maroc ne serait qu'un vaste coupe-gorge, est souvent appliqué par le caïd, qui perçoit à ce propos des *daéra* (amendes) pour des méfaits réels ou non commis par la tribu.

Dans certaines provinces, les tribus sont partagées en groupes de 5 à 6 tentes; chacun d'eux est jugé capable de fournir au sultan un homme et un cheval pour sa cavalerie irrégulière et porte le nom de *aoud* (cheval) lors même qu'il ne s'agit plus de fournir des chevaux ou des cavaliers. On apprécie la richesse de chaque fraction par le nombre de *aoud* qu'elle possède, et le caïd prend ses mesures en conséquence pour la perception du *ferd* ou quote-part de chaque groupe.

Comme exemple des transformations des tribus, prenons celle d'Abda. Il y a environ un demi-siècle, cette province était sous le commandement d'un seul caïd, qui avait 14 fractions, appelées *iddin* (mains), renfermant en tout 1,600 *aoud* de 6 tentes en moyenne.

Actuellement elle a 3 caïds, et les 1,600 aoud primitifs ne fournissent plus que 400 cavaliers, ce qui donne environ un cheval pour 24 tentes.

Lorsque la part du maghzen a été prise, il faut encore que le caïd prélève la sienne, car il n'est pas payé : sous prétexte d'offrir trois fois par an au sultan le cadeau appelé *hedia*, il perçoit des *ferd* absolument fantastiques sans règle ni mesure, et réduit à la misère quiconque n'a pas su cacher son bien.

Nourriture.

Les Arabes sont habitués à la privation de nourriture et supportent la faim avec beaucoup de philosophie : quand ils ont de quoi manger, ils engraissent à vue d'œil.

Il y en a beaucoup qui ne mangent pas de pain et qui vivent longtemps avec un peu d'orge broyée et délayée dans de l'eau; ils admettent qu'on peut rester sept jours à jeun.

Parfois, ils mangent des mauves, du couscoussou fait avec des figues de Barbarie desséchées ou une espèce de manioc (*herny*) qui devient un poison lorsqu'il est mal préparé.

Versement des hédia.

Les caïds ont aussi leurs tribulations : au moment des fêtes (3 fois par an), le sultan les appelle auprès de lui et les invite à donner l'hédia : la plupart obéissent, d'autres font la sourde oreille et emploient divers prétextes pour ne pas aller à la cour.

En partant, le caïd a eu soin de se munir d'une grosse somme d'argent, en se promettant bien de ne donner que juste assez pour ne pas être destitué. Il commence par faire des cadeaux au grand vizir, au maître des cérémonies, etc., puis il est reçu par le sultan. Pour entrer en matière, il dépose à ses pieds une certaine somme (généralement en or) qui peut aller de 500 à 5,000 francs (appelée *melakia*), puis il intrigue un peu partout pour savoir ce que ses collègues ont l'intention de donner au nom de leur tribu. Les individus qui convoitent sa place intriguent également; la valetaille profite de la situation et touche des deux mains.

Le jour de la cérémonie arrivé, le caïd offre l'hédia de sa tribu, à laquelle se joint le plus souvent le montant de l'*achour* en retard et celui des amendes que le sultan peut avoir imposées à la tribu pour divers motifs, et notamment pour n'avoir pas assez amené de cavalerie auxiliaire dans telle ou telle circonstance; il reçoit toutes les bénédictions possibles et rentre chez lui avec l'espoir de s'être tiré d'affaire à bon marché.

Quelques jours après, il apprend que le gouvernement n'est pas content : il donne en gémissant une nouvelle somme, jurant ses grands dieux qu'il se ruine pour satisfaire son maître, qu'il a donné ce qui lui reste de sa fortune personnelle, etc. Nouvelles bénédictions, nouvel espoir de s'être tiré d'affaire, souvent aussi nouvelle déception; ce malheureux peut ainsi rester dans la plus grande perplexité pendant plusieurs semaines. Quand on juge que l'éponge a été suffisamment pressée, il reçoit son congé, et rentre chez lui en songeant aux nouveaux impôts qu'il va imaginer; heureux s'il a reçu un cheval et une selle pour prouver à la tribu qu'il est bien en cour.

Il peut arriver aussi que le caïd soit enlevé par des cavaliers, qui lui mettant la corde au cou, le traînent dans la rue comme un malfaiteur et le conduisent en prison; en même temps des agents du maghzen sont envoyés dans sa tribu, envahissent sa maison et font un inventaire exact de ce qui s'y trouve; les femmes, les esclaves, le mobilier, tout, jusqu'à la vaisselle cassée, est envoyé au sultan. On fait des fouilles et on pratique de larges entailles pour découvrir les cachettes (ce qui fait que les maisons des caïds destitués tombent généralement en ruines).

Quelquefois les caïds sortent de prison à condition de dévoiler l'endroit où se trouve leur trésor; on les fait ensuite entrer comme simples cavaliers dans l'escorte du sultan.

Autrefois, quand un caïd avait absolument refusé de donner son argent, on l'introduisait dans une caisse en bois garnie de clous à l'intérieur, ayant la forme du vêtement à manches appelé *jellaba,* et on l'y laissait mourir.

On voit que la situation de ces fonctionnaires est loin d'être agréable; cependant on trouve des gens qui l'acceptent, parce que (pour employer une expression courante) *ils aiment mieux manger les autres que d'être mangés eux-mêmes.*

Des villes.

Les villes du Maroc peuvent être partagées en deux catégories :

Celles de l'intérieur, où trois ou quatre Européens à peine ont réussi à se fixer et où ne se trouve aucune autorité consulaire, et celles de la côte, qui renferment une petite colonie européenne et des consulats ; la légation de France possède à Fez un agent arabe qui s'occupe des intérêts de la colonie algérienne de cette ville.

Le corps diplomatique réside à Tanger.

Toutes les villes (médina) sont entourées de hautes murailles en pisé garnies de tours ; on ne donne pas le nom de *médina* à la ville ouverte.

A la *médina* sont généralement réunis une forteresse (casbah) et un quartier des juifs (mellah); dans les villes de l'intérieur, ces trois quartiers sont nettement séparés par des murailles; dans celles de la côte, ils tendent à se confondre.

Toutes ces villes, sauf Fez et Maroc, sont commandées par un seul pacha, assisté d'un caïd du *guich* qui est chargé des opérations aux environs.

Casbah.

Ce qui va suivre s'applique surtout à Fez et à Maroc :

La casbah renferme le palais du gouver-

REMPARTS DE MAROC.

nement (dar maghzen), un magasin à poudre, une sorte d'arsenal, une prison d'État, des masures délabrées dans lesquelles habitent les familiers du palais et le guich de la ville, et enfin quelques misérables boutiques tenues par les soldats.

La casbah est commandée par un pacha qui a sous ses ordres toutes les troupes du maghzen, à l'aide desquelles il peut observer les environs.

En l'absence du sultan, ce pacha est chargé spécialement de la surveillance du palais, des domaines, des esclaves; il est aidé dans sa tâche par des *oumana* (administrateurs).

Medina.

La medina est commandée par un pacha civil.

Fonctionnaires de la medina.

Les principaux fonctionnaires sont :
Le *Metasseb*, chargé des marchés;
Le *caïd des Moulinn-Dôr*, chef de la police centrale;

Moulinn-dôr, agents de police;
Moulinn-nkas, chargés de percevoir les droits du maghzen;
Les *nader*, chargés des biens hâbas;
Les *mokaddem-el-homâ*, chefs de quartier;
Les *cadi*, juges;
Les *adoul*, notaires.

Quartiers. Police.

Chaque ville est partagée en un certain nombre de quartiers (homâ) ayant chacun ses fontaines, ses mosquées, ses biens publics, ses fondouk (auberges-écuries), ses bains, ses cafés maures, et enfin ses lieux d'aisances publics.

Chaque homâ est sous la surveillance d'un notable appelé mokaddem-el-homâ; cet agent se fait rendre compte de tout ce qui se passe, espionne ses administrés et joue à l'occasion le rôle de juge de paix.

Les moulinn-dôr parcourent les rues, surtout à la tombée de la nuit, et arrêtent les délinquants, le plus souvent sur la dénonciation

Page 136.

PORTE DE QUARTIER À MAROC.

des mokaddem-el-homâ; une heure et demie après l'*acha*, ils se réunissent sur une place publique et font une décharge générale de leurs armes; à ce signal, les portes qui séparent les quartiers sont fermées et tout étranger pris dans les rues est conduit en prison jusqu'au lendemain matin. Ce système facilite beaucoup les recherches et ne gêne guère les habitants.

Si, par impossible, on avait à traverser la ville pendant la nuit, il faudrait mettre un homme de garde à chaque porte pour être sûr de ne pas coucher dans la rue.

Il n'est pas de vexations que les mokaddem-el-homâ ne fassent subir à certaines familles pour en obtenir de l'argent; en particulier, ils pourchassent les femmes seules et, sous le moindre prétexte, les conduisent en prison.

Vols. Crimes.

Les vols sont nombreux; les malfaiteurs s'introduisent dans les maisons en escaladant les terrasses ou en perçant les murs. Les crimes sont fréquents, surtout à Fez, où il y a certaines maisons mal famées qui renferment des oubliettes, et où la rivière permet de faire disparaître les cadavres avec d'autant plus de facilité que, pour éviter les désagréments, riverains les rejettent lorsqu'ils viennent les échouer chez eux.

Le plus souvent ces crimes causent peu d'émotion : on enlève les corps, on fait un semblant d'enquête, on ne trouve rien et tout est dit (en sorte que les étrangers n'en ont presque jamais connaissance).

A Tarudant, on ne se donne même pas la peine de faire l'enquête.

Les viols, infanticides, avortements sont considérés comme des peccadilles.

Pénalités.

Quoique en principe, tous les musulmans soient justiciables du cadi, il arrive que les crimes sont jugés par le pacha et ses agents, qui les considèrent comme affaires de simple police et ne cherchent qu'à extorquer de l'argent aux prévenus, sans même donner à leurs arrêts un semblant de justice.

La bastonnade (assa) est très employée, elle se donne au moyen d'une corde en cuir tressé, appelée *asfel*; on a vu des gens supporter plus de mille coups de cet instrument, sans que leur santé parût en souffrir notablement.

L'assa est aussi très employé pour trouver les auteurs d'un vol : on prend tous les individus soupçonnés et on les fait battre en cadence, jusqu'à ce que le coupable soit découvert.

Habituellement, pour tous les crimes et délits, on met les coupables en prison, et on les y laisse jusqu'à ce qu'ils aient donné une certaine somme; on ne fixe pas le nombre de jours de détention, en sorte qu'un individu emprisonné pour tapage dans la rue, peut être oublié plusieurs années s'il n'a pas d'amis qui s'occupent de le faire sortir.

Prisons.

Les prisons ont généralement un rez-de-chaussée et une cave. Le rez-de-chaussée ressemble à l'intérieur d'une maison ordinaire, les détenus y vont et viennent sans sembler se préoccuper beaucoup de leur sort; quelques-uns ont les *kebel* (fers) aux pieds.

Ceux qui ont de l'argent peuvent avoir une chambre à part, et vivre à peu près comme chez eux.

Les prisonniers sont nourris par leur famille ou leurs amis; quand ils sont étrangers, on leur donne juste assez de pain pour qu'ils ne meurent pas de faim; quelquefois ils fabriquent des nattes ou objets analogues et les font vendre en ville.

L'étage inférieur est un caveau humide, envahi par les rats et la vermine : les prisonniers y sont attachés par des chaînes en fer. A moins qu'ils ne soient détenus pour assassinat, ou vol à main armée sur les routes, il leur suffit de donner l'argent au pacha pour être relâchés; quelquefois on leur administre matin et soir un certain nombre de coups d'asfel, pour les engager à se décider.

A la casbah, il existe une prison d'État où les prévenus sont traités avec un raffinement de cruauté. Le premier objet que l'on aperçoit à la porte de cet établissement est une vieille civière usée; à l'intérieur, on trouve des gens attachés par le cou avec un carcan de fer qui les force à rester debout et tellement desséchés qu'on ne sait pas au juste s'ils sont morts ou vivants.

Tous les matins on passe la revue des cadavres et on les tire dehors avec des cordes.

Les prisonniers d'État sont généralement envoyés dans une ville où ils ne sont pas connus, afin que personne ne puisse intercéder pour eux, ni séduire leurs gardiens; pour les conduire à destination, on les enchaîne sur une mule (1).

Depuis longtemps, on n'a pas vu d'exécutions capitales au Maroc; la peine de mort

---

(1) A la prison de la casbah, les juifs sont détenus dans une chambre qui sert de cabinets d'aisances aux autres prisonniers.

est remplacée de fait par la prison perpétuelle, et les criminels meurent de faim et de misère; néanmoins, on voit souvent des têtes clouées au-dessus des portes des villes : ces têtes ont été coupées dans les combats et envoyées dans diverses localités pour prouver aux Arabes, toujours fort incrédules, que le maghzen est bien réellement resté maître du terrain.

Quelquefois, on fait subir aux voleurs une opération qui leur ferme les mains pour toujours : on leur pratique des incisions à la paume des mains, on recouvre les blessures avec du sel, on ferme les poings et on enveloppe chacun d'eux avec une peau fraîche qu'on serre fortement.

Au bout de quelque temps, on enlève la peau, et les mains ne peuvent plus s'ouvrir : en outre, par suite d'un phénomène particulier, les ongles tendent à entrer constamment dans les chairs et causent des douleurs atroces. Les individus soumis à ce supplice finissent presque toujours par se casser la tête contre les murs.

Prison des femmes.

Les femmes sont enfermées dans une prison à part, qui est en même temps l'hôpital des fous (*merstan*), placée sous la direction du caïd des moulinn-dôr aidé par des femmes appelées *arifa*.

On y enferme quelquefois des femmes adultères sur la demande du mari; on leur met les *kebel* aux pieds et on leur donne l'*assa* jusqu'à ce que le mari consente à les reprendre. Les femmes publiques ou autres qui ont été prises par les moulinn-dôr, y sont également conduites enchaînées et battues jusqu'à ce qu'elles aient donné une certaine somme d'argent.

Cette surveillance des femmes occupe les moulinn-dôr beaucoup plus que celle des voleurs, parce qu'elle rapporte beaucoup d'argent.

Un pacha de Maroc avait imaginé le système suivant pour se procurer de l'argent et des femmes; il faisait suivre les femmes, honnêtes ou non, par des individus qui leur versaient sur leurs vêtements de l'eau-de-vie du pays (mahia). Les moulinn-dôr survenaient comme par hasard, paraissaient indignés en sentant l'odeur du mahia, arrêtaient les malheureuses et les conduisaient au merstan; on faisait passer les plus jeunes chez le pacha, et le lendemain on prévenait les maris d'avoir à réclamer leurs épouses, qui « avaient été trouvées empestant l'eau-de-vie et sortant d'un mauvais lieu ». Pour reprendre leurs femmes et éviter le scandale, les maris payaient de grosses sommes; il est juste d'ajouter que le pacha qui se livrait à ces opérations fut destitué par ordre du sultan.

Cimetières.

Les cimetières sont situés aux environs des portes des villes.

Les corps, enveloppés d'un drap, sont déposés dans un fossé et entourés ensuite d'un cadre en pierres sèches.

Ces cimetières, qui ne sont pas enclos de

murs, ne ressemblent en aucune façon à nos champs de repos; on y circule comme dans des lieux ordinaires. Aucune pierre tumulaire, aucune inscription ne vient rappeler aux passants que quelqu'un s'est intéressé aux morts : de loin, ils ont l'air d'un entrepôt de matériaux de démolition.

Cadi.

Le Coran étant la loi civile des Arabes, les hommes qui savent le mieux en appliquer les principes sont naturellement appelés à juger leurs compatriotes; la justice et la religion se trouvent donc intimement liées.

Parmi les quatre rites qui existent dans l'islamisme, le seul qui soit pratiqué au Maroc est le rite *maleki*.

Le cadi qui est chargé de rendre la justice d'après ce rite est en même temps un des principaux chefs de la religion; il est aidé par des adoul (notaires), par des tolba et par des moujiin (experts). Tous ces personnages sont payés sur les biens des mosquées (hâbas), en sorte qu'à proprement parler ils ne sont pas des agents du maghzen; néanmoins il y y a bien peu de cadis indépendants.

Chérâa.

La cherâa est la justice rendue d'après le Coran et les livres qui en dérivent : le plus usité de ces livres pour les affaires judiciaires est Sidi Khelil.

Les plaideurs se rendent chez le cadi et exposent leur affaire : le cadi les renvoie généralement chez les adoul, afin de faire rédiger ce qu'ils ont à dire; en même temps ils présentent la liste de leurs témoins : pour les affaires civiles, on doit présenter douze témoins ordinaires, ou bien un ou deux notables selon le cas. Les témoins vont ensuite chez les adoul, prêtent serment, font leur déposition et la signent.

Munis des diverses pièces qui ont été établies chez les adoul, les intéressés reviennent chez le cadi, qui prononce la sentence.

Le plaideur peut se faire assister par un

oukil (avocat) qui porte la parole à sa place ; ces oukil sont généralement des tolba de bas étage, qui rôdent aux environs du tribunal, attendant l'occasion de gagner leur dîner.

Le cadi peut ordonner que les plaideurs fournissent des cautions, soit pour leur présence, soit pour le paiement d'une somme qu'on leur réclame, soit pour le paiement des sommes qu'ils pourraient être condamnés à payer ; faute de cautionnement ils vont en prison.

Lorsque les témoins ont été entendus, il peut se faire que la cause soit plus embrouillée que jamais ; le demandeur peut demander que le défendeur aille prêter serment dans une zaouïa ; si ce dernier refuse le *hak allah* (serment) il perd son procès. Les musulmans admettent difficilement la possibilité d'un faux serment, et étouffent l'affaire lorsqu'elle se produit, car, s'il était prouvé qu'un individu a pu faire un faux serment sans être immédiatement puni par Dieu, il n'y aurait plus possibilité de rendre la justice.

Quand une affaire présente certaines difficultés, on a recours à des muphti.

Ces personnages sont des savants qui sont attachés à un tribunal comme chez nous les avocats inscrits à une cour; ils étudient la question à fond et donnent au plaideur une décision que ce dernier remet au cadi.

Malheureusement toutes ces opérations se font non pas en séance, mais séparément et à des jours différents, en sorte que tout peut s'arranger avec de l'argent.

Mariages.

Les mariages se font et se défont avec la plus grande facilité.

Les musulmans peuvent épouser quatre femmes et divorcer sous une foule de prétextes; le mari achète sa femme sans l'avoir vue; préalablement, il la fait examiner par les femmes de sa famille.

Quand la future est pauvre, le mariage se fait très rapidement : on donne un habillement à la mère; on passe chez les adoul, qui font le contrat et le donnent au mari; il n'est pas nécessaire de faire une cérémonie quelconque.

Si on a l'intention de divorcer, *on rend à la femme son papier*, on donne quelque argent au cadi et le divorce est prononcé; pour moins de 50 francs, on peut se marier, divorcer et se remarier en moins de quinze jours.

Dans les familles aisées, les mariages sont plus sérieux, parce que les époux ont de la fortune et que chacun évite de faire prononcer le divorce à son désavantage.

Les noces durent généralement sept jours : les hommes et les femmes se divertissent séparément; pendant ce temps les amis du marié ne le quittent pas d'une semelle, on devine pourquoi.

Les parents surveillent les mariés jusqu'à ce que le mariage ait été consommé; pour constater la virginité de la mariée et fermer la porte aux réclamations ultérieures, on expose son pantalon.

Il existe dans certaines localités du Sous un usage fort curieux; le mari tire un coup de fusil au-dessus de la tête de sa femme aussitôt qu'il a constaté sa virginité; pendant la vie des époux, la balle reste dans le mur.

Dans les tribus, quand on reconnaît que la nouvelle mariée n'est pas vierge, on la tue d'un coup de fusil, dans les villes on se contente de rendre la dot; dans le Sous, on fait mieux, on se met à la recherche du séducteur et on lui fait payer la dot.

Les Marocains se marient rarement avec quatre femmes, parce qu'ils craignent à un moment donné d'avoir quatre familles sur les bras; ils préfèrent acheter des négresses.

Esclaves.

Les nègres et négresses qu'on trouve au Maroc viennent du Soudan. On les achète généralement pour une certaine quantité de sel gemme. Cette denrée, en grandes plaques épaisses d'une vingtaine de centimètres, est apportée par des caravanes qui généralement se forment à Si-hamed-ou-Moussa, dans le Sous.

Au sud de Tombouctou, la valeur du sel augmente sans cesse par suite des droits énormes que les caravanes payent à chaque nouvelle tribu; pour acheter un esclave dans ces localités, on le fait monter sur une plaque de sel, on y découpe la trace de ses pieds et on donne en paiement la partie recouverte : d'où l'expression *gemt-el-melha* (équivalent au sel) dont on se sert comme terme de mépris, parlant à un esclave ou à un hartani (affranchi).

Dans les villes du Maroc, on les achète à la criée, dans un marché qui a lieu à la tombée de la nuit; on fait valoir leurs qualités comme s'il s'agissait d'animaux; on les garantit des vices rédhibitoires, et on les fait examiner à fond par une espèce de vétérinaire ou par de vieilles mégères.

Une jeune négresse peut valoir jusqu'à 500 francs; une vieille n'atteint pas le prix de 20 francs.

Chez les marchands d'esclaves, les nègres et les négresses vivent presque de l'air du temps; si à leur entrée dans une bonne maison, on ne les surveille pas, ils se gorgent de nourriture et meurent d'indigestion ; au surplus, ils ne sont pas plus malheureux que les autres domestiques : s'ils sont maltraités, ils peuvent demander à être vendus à un autre.

L'enfant d'une négresse avec son maître est libre, mais l'enfant provenant d'un étranger est esclave et peut être vendu.

Quelquefois des jeunes filles des tribus, chassées par la misère, se réfugient dans les villes chez des individus qui n'ont rien de plus pressé que de les vendre comme esclaves; le prix de ces esclaves blanches est fort élevé.

Rues, habitations.

Les rues sont étroites et tortueuses, remplies à certaines heures d'une foule grouillante et déguenillée au milieu de laquelle il serait très pénible de circuler à pied.

Quoiqu'un proverbe dise que les gens qui montent à cheval ne vieillissent jamais, les

PORTE DE LA CASBAH DE MAROC.

Marocains montent presque toujours à mule.

Cette monture permet de circuler rapidement dans les rues encombrées sans causer d'accidents ; les plus hauts personnages civils et militaires l'emploient constamment et ne montent à cheval que très rarement.

Les rues sont nettoyées tant bien que mal par les mokaddem-el-homâ, qui organisent à cet effet des touïza (corvées); les immondices sont accumulées dans les terrains vagues, et les animaux morts enlevés par les juifs : les Arabes croiraient se déshonorer en y touchant.

On rencontre des mendiants à demi-nus qui couchent en plein air et dont la misère dépasse tout ce qu'on peut imaginer; la charité privée leur vient en aide, car le Coran recommande aux Arabes de faire l'aumône; malgré cela, il n'est pas d'hiver ou on ne trouve tous les matins des cadavres de gens morts de faim et de froid dans la rue. D'ailleurs les habitants des villes sont fort peu sensibles : à Paris, les cris d'un chien qui a une patte cassée par une voiture émeuvent plus les passants que le râle d'un homme mourant de faim en plein jour n'émeut les Maures.

Le merstan (hôpital des fous et prison des femmes) est aussi l'endroit où on doit transporter les cadavres des gens morts sans famille, pour les y laver et procéder aux préparatifs de l'inhumation.

Les maisons ne sont pas ornées à l'extérieur et ressemblent à des prisons; le corridor d'entrée est coudé afin que personne ne puisse voir ce qui s'y passe.

L'intérieur est quelquefois très luxueux et pavé avec des carreaux de faïence, venant de Fez ou de Marseille; les chambres sont généralement longues et étroites, parce que le bois de construction en usage dans le pays ne résiste pas à la flexion.

Ces chambres donnent sur une cour intérieure et ne prennent jour que par la porte, en sorte que les habitants vivent presque en plein air. Les murs sont en pisé, fort épais, et occupent beaucoup plus de place que dans les maisons européennes.

Les jardins sont très nombreux et renferment des pavillons garnis de fenêtres.

Ameublement.

L'ameublement est très simple ; il se compose d'un certain nombre de tapis, matelas et coussins, de quelques coffres, d'un inséparable service à thé et d'un élégant fourneau en métal porté sur un trépied ; quand on est en voyage, on emporte facilement ce matériel et on s'installe sous la tente comme chez soi.

Quelques personnages possèdent des chaises et des fauteuils dont ils ne se servent jamais et qu'ils ne sortent que quand ils ont à recevoir des étrangers ; mais, ne sachant pas ranger ces objets avec symétrie, ils les disposent les uns derrière les autres, en sorte que l'on croirait entrer dans la boutique d'un marchand de meubles ; quelquefois ils exposent en même temps plusieurs rangées de pendules ou de vases à fleurs.

Habillement.

Sauf les cheurfa, qui portent souvent des burnous de couleurs voyantes (1), les Maures sont presque tous vêtus de la même manière en sorte qu'on est souvent exposé à prendre de simples tolba pour des gens d'importance.

L'habillement des citadins se compose d'un pantalon serré à la taille au moyen d'un cordon, d'une ou plusieurs chemises (chamyr, farragia) portées par-dessus le pantalon, d'une robe en drap à larges manches (caftan) et d'une couverture en laine (haïk) plus ou moins fine dans laquelle ils se drapent. Ils sont coiffés d'une calotte rouge entourée d'un turban en calicot, et chaussés de babouches jaunes sans ornement; souvent ils ont aussi une choukara (gibecière) en cuir et un poignard recourbé (koumia ou kandjar).

Les gens qui travaillent de leurs mains

---

(1) Les cheurfa du Maroc portent des turbans blancs; dans les autres pays musulmans ils ont le turban vert.

remplacent le plus souvent le caftan, qui est très embarrassant, par une veste à manches étroites et un gilet; en négligé ils portent une robe à manches fort commode appelée *jellaba*.

Les Maures couchent avec leurs vêtements, qui sont fort amples, et disent que rien n'est plus malsain que de se déshabiller souvent, parce qu'on peut être *frappé par le froid;* ils condamnent l'usage des bas comme empêchant la circulation de l'air.

Ils se rasent la tête, coupent leurs moustaches à hauteur de la lèvre supérieure, se taillent soigneusement la barbe et s'épilent les autres parties du corps. Pour se donner un air rébarbatif, les cavaliers laissent quelquefois pousser une grosse touffe de cheveux sur chacune de leurs tempes.

Les femmes sont habillées à peu près comme les hommes et peuvent mettre les effets masculins. Elles portent des caftans, de larges ceintures, de lourds bijoux, des babouches rouges, et sont coiffées d'un mouchoir de soie; en somme, leur habillement est très peu élégant.

Dans les rues, elles se couvrent le bas de la figure d'un voile blanc et s'enveloppent d'un espèce de haïk analogue à une couverture de lit.

Les femmes se tatouent légèrement et font usage du koheul, du souak et du henna. Le koheul est une poudre noire composée de sulfure d'antimoine, de sulfate de cuivre et divers autres ingrédients; on s'en sert pour noircir le bord des paupières, et les hommes en font quelquefois usage pour prévenir les maladies d'yeux.

Le souak est de l'écorce de noyer; les femmes mâchent cette substance pour se rougir les lèvres et se raffermir les gencives.

Le henna est la feuille d'un arbre très commun dans certaines parties du Maroc, et qu'on expédie jusqu'en Algérie. On la broie avec du jus de citron et on obtient ainsi une pâte brune dont on fait une série d'applications sur les mains et sur les pieds; quelquefois on fait des dessins variés à l'aide de patrons en papier.

Les dames européennes, qui passent plusieurs heures par jour à leur toilette, sont fort distancées par les femmes arabes, car la préparation complète du henna dure deux ou trois jours, pendant lesquels elles ne peuvent ni marcher, ni toucher quoi que ce soit avec les mains; les amies leur donnent à manger.

Le henna commence à jaunir au bout de quelques jours et à partir par plaques.

Monnaies.

Le système des monnaies est compliqué et donne lieu à des calculs désagréables.

Les pièces de cuivre sont très grossièrement fondues. Elles portent d'un côté l'anneau de Salomon (1) et de l'autre l'indication de la ville où elle a été fondue et la date.

Il y a :

Une pièce de 16 flouss;
—   — 4 flouss;
(La pièce de 1 flouss n'existe pas);

---

(1) L'anneau de Salomon se compose de deux triangles croisés.

La réunion de 6 pièces de 16 flouss forme l'*ouquia* (once);
L'ouquia pèse en effet environ une once;
Le mouzouna est le quart de l'ouquia;
Une demi-once porte le nom de oujain;
Deux onces — temeni jeu;
Deux onces et demie — ach'r jeu;
Trois onces — setta-ouaq;
Quatre onces — arbâa-ouaq;
Dix onces — mettquall.

Le mettquall est la monnaie de compte la plus employée.

Le kintar vaut 100 mettquall.

Les monnaies d'argent sont :

La pièce de 5 francs française, appelée réal;
La pièce de 5 francs espagnole ancienne appelée réal bou medfa (réal aux canons), parce que l'on prend les colonnes qui y sont figurées pour des canons;
La piècette espagnole;
Une pièce d'argent ayant la forme d'un carré à côtés courbes, appelée sebaia.
Le demi-sebaia.

Le rapport entre la monnaie d'argent et la monnaie de cuivre est variable :

En 1882, le réal valait 10 mettquall, et par conséquent l'ouquia 5 centimes.

Comme monnaie d'or, on emploie surtout les pièces françaises et espagnoles, et notamment le doublon, qui vaut de 16 à 17 réaux.

Dans tout l'empire, et surtout dans le Sous, qui renferme des mines de cuivre, on fabrique constamment des flouss faux, d'où il résulte qu'en beaucoup d'endroits on accepte indifféremment la bonne et la mauvaise monnaie ; suivant que cette monnaie est plus ou moins abondante, le maghzen spécule dessus en augmentant ou diminuant son rapport avec le réal ; en sorte que sa valeur change d'un lieu à un autre.

On fabrique couramment des *sebaïa* faux renfermant un tiers de cuivre.

Il est impossible d'avoir un système monétaire plus mal organisé ; toutefois, pour y remédier, le sultan commence à faire faire à Paris de la monnaie d'argent.

Poids.

Pour les poids on emploie :

Le rotol kebir (850 grammes);
Le rotol attarin (500 grammes);
Le kintar (100 rotols).

Pour les grains :

Le haroba, qui vaut environ 210 litres à Maroc ;
Le muedd, qui est le 1/8 du haroba.

Longueurs.

Pour les longueurs on emploie :

La cala (coudée) ;
Le cheber (palme) ;
Le sâa (heure du chemin).

Il n'y a aucune unité de volume ni unité de surface.

Marchés.

Presque tout le commerce se fait sur les marchés.

Les marchés (sok) sont nombreux ; les uns ont lieu à ciel ouvert à certains jours de la semaine ; les autres se tiennent dans des galeries garnies de boutiques sans issue par derrière ; on y circule même à cheval.

Dans les grandes villes, on trouve les marchés suivants : esclaves, bœufs, moutons, ânes, mulets, chevaux, chameaux, vieux effets, effets neufs, babouches, haïk, *attarin* (épicerie, quincaillerie), sellerie, cuir, dattes, noix, etc., cordes, bois, charbon.

Les objets se vendent généralement à la criée par l'intermédiaire d'un *dellal* (crieur); deux agents du naghzen (oumana ou *moulinn nkass*) assistés d'un taleb sont chargés de percevoir les droits du maghzen à chaque marché, à savoir : un mouzouna par mettquall (2 1/2 o/o) pour le vendeur et autant pour l'acheteur.

En outre, le maghzen perçoit aux portes de la ville :

5 onces par mulet chargé ;
8 onces par chameau.

Le droit de percevoir à la porte du quartier des juifs et celui de vendre du tabac dans la medina sont affermés à des négociants du pays.

Le marché des chevaux, mulets, ânes, chameaux, se tient le jeudi (El khmiss). Le *dellal* monte les animaux et les fait valoir; les chevaux les plus estimés sont ceux qui sont dits *siâr,* c'est-à-dire qui font, au pas, plus de 7 kilomètres à l'heure.

Les chevaux difficiles ou qui ruent ne trouvent pas d'acheteurs : personne ne se soucie de casser la jambe à quelqu'un dans la foule.

Les prix varient du simple au triple d'après la valeur des grains; les bons chevaux vont peu aux marchés et on en trouve rarement dont le prix dépasse 500 francs.

La vente d'un cheval n'est pas une petite affaire, car les enchères durent plusieurs heures avec des reprises; les vendeurs, acheteurs, le dellal, les compères tiennent des conciliabules particuliers et se parlent à l'oreille avec des airs de conspirateurs; lorsque l'enchère est finie, le dernier enchérisseur peut s'en aller; si le marché est conclu, il faut faire examiner l'animal par le *bitar* (vétérinaire) qui, moyennant une bonne gratification, peut déclarer qu'il a un défaut quelconque et fait rabattre quelques douros sur le prix. Enfin, au moment de se séparer de ses douros, l'acheteur parle de *bab-Al-*

lah (porte de Dieu), c'est-à-dire qu'il conjure le vendeur, au nom de Dieu, de lui rabattre quelque chose; au besoin, il prend les passants à témoin de la noirceur du croyant qui ne veut pas remettre à un autre croyant la *porte de Dieu*. De son côté, le vendeur feint de regretter de s'être défait de son cheval, prend un air attendri, raconte qu'il l'a vu naître, qu'il lui a donné l'orge de ses propres mains, etc., etc.

Comme tout a une fin en ce monde, l'animal et les douros finissent par changer de maître, mais l'opération a été rude.

Les selles marocaines sont plus confortables que les selles algériennes, parce que le troussequin est moins élevé et incliné en arrière. La matelassure est remplacée par des couvertures de laine très longues, qui emboîtent le cheval et maintiennent la selle, quand même la sangle casserait.

Avec cette disposition, chaque animal doit avoir sa selle; il doit également avoir sa bride, car les montants sont sans boucles et s'ajustent une fois pour toutes.

Les marchés sont très bruyants, les rixes fréquentes ; le mettasseb y dirige la police, fait nettoyer les emplacements et surveiller les prix. Ce fonctionnaire est également chargé de la vente du blé, de l'orge, ou de denrées avariées quelconques appartenant au gouvernement : à cet effet, on interdit de temps en temps la vente des autres marchandises de même nature.

Les denrées ne sont pas examinées au point de vue sanitaire, et il faudrait que les Maures fissent un grand effort d'imagination, pour comprendre qu'il est du devoir d'un gouvernement de s'occuper de la santé de ses administrés.

Le metasseb est souvent chargé par certaines personnes de leur retenir ce qu'il y a de mieux dans le marché; de nombreuses disputes ont lieu à ce propos.

Les prix éprouvent des variations subites pour divers motifs : à Fez, lorsque le temps est mauvais, les chemins des environs deviennent impraticables; les gens du dehors n'apportent plus rien et tout le monde s'approvisionne comme pour un siège; il peut arriver aussi que les Arabes ayant des contributions en retard, craignent d'être arrêtés en ville et fassent une longue route pour aller vendre dans un endroit où ils ne sont pas connus.

Boutiques.

Outre les marchés, il existe des boutiques, où on vend à l'amiable; chaque corps de métier est dirigé par un amine qui fixe le prix dans le cas de contestation; ceux qui sont chargés des objets d'or et d'argent y appliquent un large poinçon.

Impôts.

Indépendamment des droits des portes et des marchés, il existe un droit d'abattoir de deux onces par mouton et de huit onces par bœuf.

Les habitants donnent aussi des *hedia* au sultan; ces cadeaux sont récoltés trois fois par an comme dans les tribus.

Courriers.

Les courriers (rekass) font leurs courses à pied. Misérablement vêtus, et n'ayant pour tout bagage qu'une mauvaise gibecière et une toile cirée dont ils enveloppent leurs dépêches, qu'ils portent ainsi sur la peau, ils passent partout sans encombre et font des courses étonnantes.

Pour 20 francs, un courrier fait 250 kilomètres en trois jours, s'arrête un jour et revient à destination; sa nourriture pendant le voyage aller et retour ne lui coûte pas trente onces.

Les courriers forment une corporation à part sous les ordres d'un *amine rekass* : ils sont très fidèles et ne remettent leurs dépêches qu'en mains propres.

Il existe entre les villes de la côte un service de poste espagnole qui n'inspire aucune confiance au commerce, parce que les employés ouvrent les lettres sans la moindre vergogne.

Des habitants.

Il serait difficile de parler des qualités des habitants, car ils n'en possèdent presque aucune; leur fanatisme et leur duplicité ne sont même pas rachetés par le courage individuel que possèdent les Arabes nomades; l'intérêt est leur seul guide, la crainte de l'autorité leur seul frein.

Ils sont d'un égoïsme dont on se fait difficilement une idée, et ne savent pas ce que c'est que la reconnaissance.

Ils ignorent le proverbe *Aide-toi, Dieu t'aidera*, et profitant de ce qu'ils habitent un pays où l'on peut rester presque pendant toute l'année en plein air et avec peu de vêtements, ils ne font aucun effort sérieux pour améliorer leur position.

Comme tous les musulmans, ils parlent peu à moins d'avoir une discussion pour affaire d'intérêts. Quand on leur demande un renseignement sur quoi que ce soit, on a beaucoup de chance pour ne rien en tirer : la difficulté est de savoir s'ils disent juste le contraire de ce qui est, ou s'ils ne mentent qu'à moitié.

Il ne se publie aucun journal arabe au Maroc, en sorte que les bruits les plus étranges ne cessent de circuler.

Cachant avec soin ce qu'ils possèdent, ils font tout ce qu'ils peuvent pour que leur fortune n'attire l'attention de personne : un des plus grands désagréments qu'on peut leur causer, c'est de répandre le bruit qu'ils sont riches.

Ils n'entrent pas dans leur maison, ils s'y glissent ; ils n'ont pas d'appartement de réception et font attendre les visiteurs dans la rue jusqu'à ce que les femmes aient été cachées.

Comme dans tous les pays musulmans, la sodomie règne chez eux en toute sécurité ; c'est même un vice bien porté.

Repas.

Lorsqu'ils n'ont pas d'emploi qui les occupe à des heures fixes, les Maures mangent à peu près à tout instant du jour :

Le matin, ils prennent une sorte de potage appelé *harira*; dans la journée ils mangent des mets faciles à préparer, tels que des brochettes de viande, qu'ils se font apporter de temps à autre dans l'endroit où ils se trouvent. Vers deux heures, ils font un repas sérieux appelé *redâ*.

Ils ont un goût prononcé pour le thé très sucré; ils y mêlent certaines drogues auxquelles ils attribuent des propriétés aphrodisiaques, et notamment de l'ambre gris.

Cette préoccupation de n'absorber que des boissons ou aliments excitants se trahit souvent dans leur conversation : pour eux, il n'y a que deux sortes d'aliments; ceux qui *échauffent* et ceux qui refroidissent; ils mettent les légumes dans cette seconde catégorie, aussi en mangent-ils fort peu.

Dans la crainte du poison, ils ne boivent pas le thé préparé à l'avance; ils font faire ce thé devant eux, laver la théière et jeter la première eau : le maître de la maison boit le premier.

Ils prennent peu de café, ne fument pas,

mais prisent fréquemment. Les gens de bas étage s'enivrent avec du kif, espèce de chanvre indien.

Le repas le plus régulier se fait à l'heure de l'achâ.

Les mets sont généralement de deux sortes : les tagines et le couscoussou.

Les tagines sont des plats en terre vernissée qui renferment des viandes cuites avec beaucoup de beurre ou d'huile, du poivre et du safran, ou bien des quartiers de mouton rôtis au four.

Le couscoussou s'obtient en roulant une farine quelconque dans un grand plat mouillé jusqu'à ce qu'elle se forme en grains : ces grains, qui peuvent avoir été préparés à l'avance, sont mis dans un vase en fer-blanc, percé de trous, appelé *keskass* et exposés à la vapeur d'une marmite. Quand le couscoussou est cuit on le dispose en pyramide dans un plat, on y ajoute du beurre, de l'huile, du lait ou bien la viande et les légumes qui ont été cuits dans la marmite. Ce mets se mange sans pain.

Les convives s'assoient autour du plat, se lavent la main droite et mangent avec les trois premiers doigts de cette main après avoir dit : *Bismillah!* (au nom de Dieu!) (ce mot de *Bismillah* s'emploie toutes les fois qu'on se prépare à procéder à un acte quelconque); ils déchirent la viande sans trop se salir et se passent les morceaux les uns aux autres par politesse.

On puise le couscoussou avec trois doigts de la main et on le fait sauter jusqu'à ce qu'il forme une boule parfaite qu'on avale d'un seul coup; chacun creuse le plat devant lui.

Après le repas, on se lèche les doigts avec soin et on boit de l'eau dans un grand vase qu'on fait passer à la ronde, en disant d'un ton convaincu : *Hamdoullah!* (louange à Dieu!); après quoi on se lave les mains.

Le sultan lui-même prend ses repas de cette manière.

Dans les maisons ordinaires, le plat, après avoir été entamé par les hommes, passe entre les mains des femmes, puis des domestiques.

Habitudes.

Les Maures se saluent avec une telle affection apparente qu'on pourrait croire que tous ceux qui se connaissent sont amis intimes.

Ils se prennent les mains, se souhaitent toutes sortes de prospérités, se demandent des nouvelles de leur santé, de leur *maison* (pour éviter de parler de leurs femmes); le mot qui revient le plus souvent est *la bass* (il n'y a pas de mal). Lorsque chacun des deux interlocuteurs a accablé l'autre de questions, il arrive souvent qu'ils reviennent successivement à la charge en redemandant si *vraiment* tout va bien, à quoi ils répondent qu'il n'y a pas de mal, grâce à Dieu, etc.

Donner la main gauche est un signe de mépris, on ne donne que la main droite aux gens que l'on estime. Cet usage a des inconvénients quand deux personnes à cheval veulent se saluer dans les règles.

Quelquefois on se salue de la main, des

yeux, ou en portant la main sur son cœur.

L'expression *la bass* semble destinée à conjurer le malheur.

Si on entre dans la chambre d'un malade, il faut dire à chaque instant *la bass* et le malade répond *la bass* tant qu'il a la force de parler; si un individu se casse une jambe dans la rue, on dit *la bass* et on passe son chemin.

Il ne faut jamais prédire à quelqu'un un malheur quelconque, sans quoi on serait accusé d'avoir par des paroles imprudentes amené ce malheur. Par exemple, un médecin ne pourra pas dire *un tel sera mort demain* sans que tout le monde s'écrie en toute hâte *ou il guérira s'il plaît à Dieu.*

Il ne faut pas, en essayant si une arme est bien en main, faire le geste d'en frapper quelqu'un : si on commet cette imprudence qui, aux yeux des Maures, peut avoir de graves conséquences, il faut pour en conjurer l'effet frapper réellement un objet quelconque.

On ne doit pas, pour les besoins de la conversation, mettre son interlocuteur en scène dans une situation critique. En disant à un Maure : *A telle distance je t'enverrais une balle dans la tête avec mon fusil,* on le froisserait vivement et on s'attirerait cette réponse : *Pourquoi donc veux-tu m'envoyer une balle?*

Tandis que nous vivons trop souvent pour les autres, les Maures ne vivent que pour eux-mêmes; ils ne font pas voir à leurs amis l'intérieur de leurs maisons, ils ne leur confient pas non plus leurs pensées intimes, et sont ainsi doublement impénétrables.

Nous nous donnons beaucoup de mal pour satisfaire des besoins factices; les Maures, tout en se reposant presque toute leur vie, arrivent à suffire sans peine à leurs modestes besoins matériels; la lecture du Coran, et autres livres sacrés, alimente d'ailleurs amplement leur faible activité intellectuelle. Somme toute, ils se disent plus heureux que nous, et on se tromperait étrangement si on se figurait qu'ils admirent beaucoup notre civilisation.

Les rares Marocains qui ont visité Paris sont presque toujours revenus chez eux avec une profonde satisfaction, sans tirer aucun profit de leur voyage.

Leur opinion peut se résumer ainsi :

« Paris est une grande ville où il y a beaucoup de monde, beaucoup de chevaux et de voitures; on ne doit pas y mourir de faim, car on y trouve un grand bâtiment en fer rempli de victuailles; on y voit aussi des grandes boutiques formées de plusieurs maisons bâties les unes au-dessus des autres, et dans lesquelles on trouve des quantités d'étoffes de toute sorte (ils veulent parler de nos grands magasins de nouveautés, qui les frappent plus que tout le reste). Les hommes sont propres et aimables, mais ils ont la faiblesse de se laisser commander par leurs femmes; ces malheureux ne doivent pas tenir beaucoup aux plaisirs de l'amour, car ils n'ont qu'un femme et, fût-elle vieille et laide, ils sont obligés de s'en contenter. Ils se tracassent beaucoup pour gagner leur vie, et ont tant d'occupations qu'ils ne trouvent pas le temps de prier Dieu. Ils ont l'infamie de traiter les juifs comme les autres hommes, contrairement aux prescriptions du Coran. Depuis leur guerre avec les Prussiens, ils ont même été obligés d'enrôler les juifs d'Algérie dans leur armée. »

Le télégraphe et les chemins de fer leur semblent absolument inutiles. « A quoi bon *ce fil*, pour porter des nouvelles à des gens qui, confiants dans la volonté de Dieu, ne sont jamais pressés? à quoi bon les routes? depuis des siècles, les routes du Maroc ont suffi à transporter l'orge et le blé que Dieu fait pousser à profusion pour la nourriture des croyants; ces routes ne serviraient qu'à amener dans les villes du Rorb un déluge de chrétiens... Ces gens seraient bien vite éblouis par la richesse de notre sol béni et chercheraient à nous l'enlever. »

Ceux qui, plus intelligents et plus observateurs que les autres, seraient tentés de nous louer, se garderaient bien de dire en haut lieu leur façon de penser : on les accuserait de se christianiser.

En revanche, ils relèvent les vices de notre société avec d'autant plus de vigueur qu'ils sont certains de l'approbation de leurs compatriotes.

Les habitudes des Maures nous semblent étranges; dans la plupart des cas, elles sont l'opposé des nôtres; par exemple : nous mangeons le dessert à la fin du repas : ils le mangent au commencement.

Nous parlons rarement de Dieu; ils prodiguent le nom d'Allah, à tout propos.

Si nous attendons quelqu'un dans la rue, nous nous promenons en long et en large : dans le même cas, ils s'accroupissent.

Pour appeler quelqu'un du geste, nous remuons l'index de bas en haut : les Maures remuent les doigts de haut en bas.

Chez nous, le mensonge est une exception; chez eux, c'est la règle. Ils ne disent la vérité que quand ils ont intérêt à la dire.

Chez nous, tout le monde se promène à pied lorsque l'occasion se présente : chez eux, on monte à cheval ou à mule pour faire 500 mètres; tout individu qui marche à pied est considéré comme trop pauvre pour avoir une monture.

Dans l'entourage du sultan, le suprême du genre consiste à marcher mal et lentement, lorsqu'on est forcé de faire quelques pas en public.

Chez nous, les cavaliers trottent et galopent par plaisir : chez eux on va presque toujours au pas; si on voit quelqu'un à une allure vive, on se demande s'il n'est pas arrivé un malheur chez lui.

Les Maures mènent la même vie tous les jours, ne se promènent pas, ne chassent pas, ne font pas un pas sans nécessité; leur seule distraction sérieuse et d'aller passer une journée dans un jardin avec des femmes; c'est ainsi qu'ils se figurent le paradis de Mahomet.

Comme le Coran défend de prêter l'argent à intérêts, ils ne le font pas fructifier et l'enterrent le plus souvent; le total des sommes ainsi amoncelées est considérable.

Donnez une pièce d'argent à un Maure : il tendra les deux mains; présentez-lui une pile de douros, il s'abattra dessus avec un geste de bête fauve.

mauvaise chambre dans le quartier des juifs, ou d'habiter un ignoble *fondouk*.

S'il est recommandé d'une manière spéciale, on lui cherche un logement dans la médina ; seulement comme les Maures ont toujours peur qu'on ne courtise leurs femmes, ils font tout ce qu'ils peuvent pour que le chrétien ne soit pas logé au milieu d'eux. On lui choisit une maison isolée, on cloue la porte de la terrasse, le mokaddem-el-homâ est chargé de surveiller la maison et de faire des rapports sur ce qui se passe.

Dans les rues, les chrétiens n'ont pas de difficultés, parce que le *homâ* dans lequel l'affaire aurait eu lieu serait obligé de payer une forte amende. Tout au plus, quand l'étranger a le dos tourné, se borne-t-on à cracher contre le mur en murmurant quelques épithètes mal sonnantes : *Que Dieu maudisse ton père*, etc.

Quelquefois des Européens ont reçu des pierres en passant sur les places publiques, où la foule est tellement grande que l'on ne sait pas au juste qui rendre responsable du méfait ; dans un pareil cas, le pacha saisit l'occasion de faire entrer de l'argent dans ses coffres ; il fait arrêter une vingtaine d'individus au hasard et impose aux propriétaires des boutiques qui donnent sur les places une forte amende dont il garde les trois quarts pour lui. Si l'affaire avait une gravité particulière, le pacha pourrait être puni par le gouvernement, qui le mettrait à l'amende de plusieurs milliers de douros.

Les voyageurs ne peuvent faire leurs achats qu'avec difficulté, parce que généralement les marchands ne tiennent pas à vendre à des chrétiens les denrées qu'ils réservent pour leurs clients habituels. Nous pourrions en citer un qui, à Fez, ne pouvait pas se procurer de viande sans être obligé d'aller chaque fois chez le pacha demander un cavalier qui l'accompagnât à la boucherie.

En un mot, les chrétiens ont à supporter dans les villes du Maroc des désagréments et des vexations contre lesquels on ne réclame guère : on ne peut pas forcer les gens à être aimables. Si l'on ajoute à cela que les voyages

Des femmes.

Dans cette étrange société, les femmes font bande à part; dès qu'elles ne sont plus très jeunes, elles sont abandonnées par leurs maris, qui leur préfèrent de jeunes négresses achetées au marché. Elles ne sortent guère que pour voir leurs parents, aller au *hammam*, quand il n'y en a pas dans la maison, et visiter les tombeaux le vendredi.

Elles prient rarement; on ne leur apprend rien, parce qu'on trouve qu'elles ne valent pas la peine d'être instruites de quoi que ce soit.

Lorsqu'elles n'ont pas de servante, elles passent une partie de la journée à moudre le blé et à faire le pain.

Elles prennent l'air sur les terrasses, où d'un commun accord les hommes s'interdisent de monter, et se livrent quelquefois à une gymnastique fort dangereuse pour aller se rendre visite les unes aux autres. Comme l'ameublement et le service de table sont peu compliqués, une femme arabe peut facilement recevoir et garder chez elle pendant plusieurs jours ses amies et ses parentes.

Elles ont beaucoup d'affection les unes pour les autres, considérant l'homme comme l'ennemi commun, le trompent quand l'occasion se présente et ne se dénoncent jamais entre elles.

Les enfants.

Les enfants sont fort précoces et tiennent d'étranges conversations ; il ne saurait en être autrement avec la promiscuité qui règne dans les maisons, où plusieurs ménages couchent souvent dans la même chambre.

On se hâte de marier les jeunes filles le plus tôt possible de peur d'accident.

Les étrangers.

Lorsqu'un chrétien arrive dans une ville de l'intérieur du Maroc, il a toutes les peines du monde à trouver un logement ; s'il n'est pas recommandé au pacha de la ville par sa légation, il est obligé d'aller mendier une

L'*Aïd-el-Kebir*, qui a lieu le 12 du dernier mois de l'année lunaire.

En outre, les Arabes jeûnent pendant le mois de Rhamadan.

L'*Achour* a lieu en l'honneur des prophètes Adam, Noé, Abraham, etc., et représente à peu près le carnaval et le premier de l'an ; on fait de grands feux sur les terrasses en l'honneur de la flamme que Moïse aperçut sur le mont Sinaï ; on donne des cadeaux aux enfants, on organise des cavalcades, des mascarades. On construit une grande lanterne artistement travaillée, et on la promène partout où elle peut passer ; ce divertissement se nomme *farraja*.

Pendant le mois, certaines familles s'abstiennent de laver le linge et de faire le *henna* en commémoration de la mort de Hussein, petit-fils de Mahomet.

Le *Mouloud* a lieu en l'honneur de la naissance de Mahomet ; c'est la fête des *Aïssaoua*.

Le *Rhamadan* a lieu cinq mois et demi environ après le Mouloud. Durant le mois de

Rhamadan, il est défendu de boire, de manger, de fumer (ou de respirer la fumée de tabac), depuis le Fedjer jusqu'au Moghreb.

Pendant la semaine qui précède le Rhamadan, on s'entraîne à manger de moins en moins; le sultan fait des grandes lectures de piété avec les plus savants feky de son entourage.

Lorsqu'on suppose que la fin du mois est arrivée, on épie avec soin le lever de la nouvelle lune, le croissant étant très délié on ne l'aperçoit pas toujours; dans ce cas, on attend au lendemain. Si le croissant reste encore invisible, on commence le jeûne sans attendre davantage.

Un coup de canon annonce le coucher du soleil : à ce signal, on rompt le jeûne en buvant de l'eau à petits coups et murmurant une prière : ensuite on prend du harira, puis des mets légers, et on fait successivement tous les repas dans l'ordre habituel.

Au *Tadera*, des individus payés à cet effet viennent frapper aux portes des maisons pour réveiller les habitants, afin qu'ils puissent se sont coûteux et désagréables, on ne sera pas étonné d'apprendre que, dans les plus grandes villes du Maroc, on ne voit pas plus d'une quinzaine d'Européens par an (1).

Des ambassades.

Lorsqu'une ambassade venant de Tanger est attendue, la ville n'a pas son aspect habituel.

Plusieurs jours à l'avance, les rues par lesquelles elle doit passer ont été nettoyées, une grande maison, munie d'un jardin, a été choisie et meublée par les soins du pacha, qui, à cet effet, a recueilli un peu partout des matelas, chaises, etc... Le *mettasseb* a été prévenu d'avoir à retenir sur les marchés les denrées de choix, les *moulinn d'or* ont reçu des instructions spéciales : en somme, on a fait tout ce qu'on a pu pour avoir l'air un peu moins barbare que d'habitude. Le jour de l'arrivée de l'ambassade, on fait sortir les troupes dis-

---

(1) Il est rare qu'un voyageur puisse rester plus de huit jours à Fez ou à Maroc sans avoir une folle envie de s'en aller.

ponibles, le luich, une centaine d'habitants par homâ, et tous les chevaux qu'on peut trouver.

L'ambassadeur est reçu à une certaine distance de la ville par le maître des cérémonies et les deux pachas, escortés par un grand nombre de cavaliers auxquels on a donné autant que possible des effets neufs et des selles passables (qu'on retire après la cérémonie).

Les plus grandes maisons, qu'on choisit pour les ambassadeurs, renferment générale- des chambres vastes mais peu nombreuses, en sorte qu'une partie du personnel de la mission est obligée de loger sous la tente.

Des fêtes.

Les fêtes musulmanes sont :

L'*achour*, qui a lieu le 10 du mois de Moharrem.

Le *Mouloud*, qui a lieu le 10 du mois de Rebi-Loub.

L'*Aïd-serir* (petite fête), qui a lieu à la fin du mois de Rhamadan.

lester avant l'aurore. Une des dernières nuits du Rhamadan s'appelle *Alkader*, c'est pendant cette nuit que le Coran aurait été révélé en entier à Mahomet. D'après le Coran, « pendant cette nuit, les anges et les démons descendent avec la permission de Dieu, portant des ordres sur toutes choses ». On n'est pas bien d'accord sur la date exacte de la nuit d'Alkader; au Maroc, on le célèbre du 27 au 28 Rhamadan. On circule dans les mosquées pendant toute cette nuit, qui a la plus grande analogie avec notre nuit de Noël.

Par rapport à notre calendrier, l'époque du Rhamadan recule de 11 jours par an environ; il en résulte que le jeûne peut tomber en été et être très pénible à supporter; comme généralement les Arabes vivent plusieurs dans la même maison, ils ne peuvent éluder l'obligation de jeûner sans être dénoncés et payer une amende.

Les enfants, les vieillards et les malades ne jeûnent pas; dans certains pays, les nouveaux mariés payent un vieillard pour jeûner consciencieusement à leur place.

En voyage on peut boire et manger à condition de regagner plus tard les jours qu'on a manqués : on choisit généralement une époque où les nuits sont longues, et on n'a pas besoin de jeûner plusieurs jours de suite.

L'*Aïd-Serir* (petite fête) a lieu à l'issue du Rhamadan; elle dure une semaine.

L'*Aïd-el-Kebir*. Cette fête rappelle le sacrifice d'Abraham; dans chaque maison, on sacrifice un mouton. Le sultan fait le sacrifice en dehors de la ville.

Au *Mouloud*, à l'Aïd-el-Kébir et à l'Aïd-Serir, le sultan reçoit des hedia des tribus et des villes.

Des juifs.

Les juifs habitent un quartier spécial, appelé Mellah; à Fez et à Maroc, le Mellah est à côté du palais.

Le Mellah est remarquable par la saleté de ses rues et par la densité de sa population. Au Mellah de Maroc, le sol des rues s'est élevé de plus de 1 mètre au-dessus du seuil des portes, par suite de l'accumulation des immondices.

Dans certaines maisons, le bas des murs est garni d'auges pleines d'eau, destinée à noyer la vermine qui descend des murs; l'odeur du Mellah est indéfinissable et le choléra a toujours commencé par ce quartier.

Il y règne une promiscuité extraordinaire; au lieu de vivre chacun chez soi, il semble que les juifs cherchent à vivre constamment les uns sur les autres; car il y a beaucoup de familles aisées qui ne possèdent que deux chambres.

Les juifs portent des vêtements de couleur sombre, quelquefois brodés d'or, et un burnous noir dont l'ouverture est dirigée à droite. Ils sont généralement coiffés d'un affreux mouchoir en cotonnade bleue et chaussés de babouches noires.

Lorsqu'ils sortent du Mellah, ils sont forcés de marcher pieds nus par tous les temps; l'usage du cheval leur est interdit, mais ils peuvent voyager à mule hors des villes.

Le Mellah est considéré comme un quartier

infamant; les musulmans n'y vont presque jamais. A la porte se trouve une garde chargée de maintenir l'ordre et d'empêcher l'introduction en ville du *mahia* (eau-de-vie du pays).

Le Mellah est commandé par un Israélite ayant le titre de cheik : ce personnage distribue *l'assa* et les amendes avec autant de profusion que le pacha lui-même et dispose d'une prison provisoire; il est placé sous l'autorité directe du pacha de la casbah.

Les affaires civiles et religieuses sont jugées par des hazzan (rabbins), qui sont en outre chargés de tuer, avec un couteau spécial et en prononçant certaines prières, tous les animaux destinés à la nourriture des israélites.

Les hazzan entretiennent avec soin le fanatisme de leurs coreligionnaires.

Les juifs paient un impôt appelé *czïa;* ils sont fort tranquilles dans leur quartier, pratiquent l'usure à raison de 6 o/o par mois et ne se plaignent pas trop des humiliations qu'on leur fait subir.

Le sultan leur prête quelquefois de l'argent et les traite moins durement que les Arabes, parce qu'il les sait très prompts à se plaindre en Europe de persécutions réelles ou non.

A cet égard les journaux sont rarement bien informés parce qu'il est fort difficile de contrôler la réalité des histoires qui émanent des villes de l'intérieur. Nous citerons comme exemple la légende du juif brûlé vif à Fez : en janvier 1880 un juif avait été tué dans une rixe ordinaire : le corps n'avait pas pu être enlevé immédiatement et les gamins du voisinage avaient imaginé de le flamber avec du pétrole et de la paille. Ce fait était parfaitement connu de toute la ville, néanmoins on lisait quelque temps après dans un journal sérieux : « De graves désordres ont éclaté à Fez, plusieurs juifs ont été brûlés vifs. »

CHAPITRE IV.

LE MAGHZEN.

Avènement de Mulay-Hassan.

Ainsi que nous l'avons dit plus haut, le trône du Maroc appartient aux cheurfa filali. Aucune règle précise n'a été suivie jusqu'ici pour le choix d'un nouveau sultan : les cheurfa nomment tantôt un fils, tantôt un frère du monarque décédé ; les mécontents profitent de la situation pour commettre une foule de méfaits et le nouveau sultan est presque toujours obligé de conquérir son empire les armes à la main.

Mulay-Hassan fut nommé en 1873, à la mort de son père Sidi Mohammed, qui l'avait désigné d'avance à l'exclusion de son frère aîné, Mulay-Othman.

Comme à cette époque Mulay-Hassan était à la tête d'une armée nombreuse qu'il commandait en qualité de khalifa (lieutenant) de son père dans le Sous, la population de Maroc l'acclama sans difficultés : restait à se faire nommer dans le reste de l'empire, ce qui était loin d'être facile.

Mulay-Hassan partit de Maroc pour Rabat, où il arriva après deux mois de luttes continuelles avec les Berbères du centre; il se rendit ensuite à Mequinez, en combattant sur sa route la tribu turbulente des Beni-Hassan.

Il fut proclamé à Mequinez, où il séjourna plusieurs mois, et partit ensuite pour Fez, en guerroyant contre les Beni-Mter.

Prise de Fez.

Il entra dans Fez-Jedid sans difficultés; mais les habitants de Fez-el-Bali, mécontents d'une augmentation d'impôt, se révoltèrent à la voix d'un vieux cherif aveugle, nommé Mulay-abd-el-Malek, qui prétendait que les nouveaux impôts étaient *haram* (défendus par la religion). Les soldats entourèrent la ville et engagèrent des combats assez meurtriers avec les habitants, qui s'étaient embusqués dans les jardins. La ville fut prise par trahison : les filali qui s'y trouvaient ouvrirent une porte à un bataillon commandé par le caïd el-Hadj-Menhou; les habitants déposèrent les armes et les taxes furent rétablies.

Le sultan passa une année à Fez puis il fit une expédition dans le Rif; après quoi il rentra à Fez et songea à se débarrasser de el-Hadj-Menhou, dont l'influence sur l'armée devenait inquiétante : devenu riche et orgueilleux, cet officier peu commode bravait ouvertement le ministre de la guerre et le tournait en ridicule pendant les revues. On eut toutes les peines du monde à l'arrêter, dans une caserne où il s'était réfugié, et, après l'avoir à moitié assommé de coups de bâton, on le conduisit en prison à Tétouan, où il est encore.

Affaire des Riata.

Mulay-Hassan resta un an à Fez, puis se rendit à Maroc afin d'y rétablir l'ordre que le pacha était impuissant à maintenir; mais, à peine rentré dans cette ville, il fut obligé de repartir pour Fez et Ouchda, afin de mettre fin aux agissements du caïd el Bachir ben Messaoud, qui lui causait de graves embarras avec l'Algérie. Il ne s'arrêta que sept jours à Fez; arrivé à hauteur de Taza, il fut arrêté par les Riata qui, embusqués dans un terrain très difficile, lui disputèrent le passage. Il éprouva un grave échec, laissa une partie de la cavalerie dans un ravin profond appelé *Ravin de l'Enfer* et faillit perdre ses femmes. L'artillerie était commandée par un renégat espagnol; ce malheureux essaya de soutenir la retraite, mais il fut abandonné par ses hommes et tué sur une mitrailleuse. On mit sur le compte de l'ivresse cette résistance désespérée et on trouva qu'il avait été bien naïf de ne pas se sauver *puisqu'il avait un cheval;* telle fut la seule oraison funèbre qu'on lui fit.

En sortant de cette impasse, on trouva une route moins périlleuse et on se dirigea sur Ouchda, laissant aux Riata une ample moisson de fusils et de selles brodées.

Le grand vizir Si-Moussa, qui était extrêmement habile, réussit à se débarrasser de el Bachir sans coup férir; il l'attira au camp sous prétexte de lui offrir un commandement important, le fit enlever brusquement et conduire à Fez aux grandes allures.

A Ouchda, le sultan eut une entrevue avec le général Osmont, commandant la division d'Oran; il y eut revue, échange de cadeaux et réception des officiers dans le camp marocain.

Au retour on eut encore affaire aux Riata, mais dans l'intervalle Mulay-Hassan avait eu le temps de gagner la tribu de Kebdana, dont les habitants connaissaient parfaitement les chemins de la montagne. Les Berbères effrayés fournirent au sultan une hédia, mais ils ne se soumirent que pour la forme, car aujourd'hui les cavaliers de maghzen qui ont affaire dans leur voisinage se hâtent presque toujours de cacher leurs bonnets pointus (chechia) pour ne pas être reconnus.

Le sultan revint à Fez, où il séjourna environ un an, puis il quitta cette ville au printemps et rentra à Maroc en décembre 1877.

La mission militaire française arriva à Maroc à cette époque.

Séjour à Maroc. Famine, choléra, typhus. Maladie du sultan.

L'année 1878 fut signalée par une grande famine, suite d'une invasion de sauterelles. Les Arabes mouraient de faim et de froid dans les rues ; on disait en haut lieu que ce serait autant de gens de moins à gouverner.

Ensuite vint le choléra, qui fit périr 300 personnes par jour pendant un mois, puis le typhus ; Mulay-Hassan tomba gravement malade et pendant un mois ne parut pas à la mosquée (1).

Les Berbères commencèrent à se soulever dans toutes les parties de l'empire, les prétendants au trône accoururent à Maroc, on fit camper l'artillerie dans le palais et on commença à s'occuper des dispositions à prendre pour la défense de la ville (2).

---

(1) Dès qu'un sultan est malade, la population s'agite, les affaires s'arrêtent, et, chose tout à fait caractéristique, le prix de la poudre augmente.

(2) Pendant ce temps deux membres de la mission se trou-

Pendant ce temps la panique régnait dans tous les ports et les représentants des puissances à Tanger demandaient des navires de guerre pour protéger leurs nationaux.

Cette agitation dura pendant plusieurs mois et se termina heureusement par la guérison de Mulay-Hassan, qui, au printemps, était de nouveau en état de recommencer ses pérégrinations.

Départ de Maroc.

Le 3 mai 1879, il partit de Maroc, passa l'oued el-Abid, soumit les Beni-Moussa et les Aït-Attab, fit bombarder quelques localités, se dirigea ensuite sur Rabat et les Beni-Mter près de Mequinez : ces Berbères, qui avaient toujours été si redoutables, n'osèrent pas attaquer le camp, parce qu'on l'avait entouré d'ouvrages de fortification passagère munis de pièces de canon.

On pilla les récoltes, on poussa quelques pointes dans le pays et les Beni-Mter finirent

vaient à Maroc, dans une situation extrêmement critique, et n'ayant à compter sur personne en cas d'émeute.

par se soumettre ; il était temps, car l'armée, qui campait depuis plusieurs semaines au même endroit, commençait à être décimée par les fièvres pernicieuses.

On rentra à Mequinez, où le sultan fut accueilli avec de grands transports de joie.

Après deux mois de séjour dans cette ville, il partit pour Fez.

Séjour à Fez.

En janvier 1880, il envoya son oncle Mulay-El-Amine dans le Rif; cette expédition fut fort longue et se termina par la soumission de la tribu de Guellaya.

En mai 1880 eut lieu un grave soulèvement des tribus situées entre Fez et Tanger, aux environs de Ouezzan : on y envoya successivement plusieurs bataillons et de l'artillerie de montagne; après deux combats les troupes chérifiennes finirent par avoir le dessus, et le 7 juin trente têtes étaient clouées au-dessus d'une porte de la casbah de Fez.

Le mois suivant on envoya une expédition

dans le Aït-Youssi, et des troupes furent mises en subsistance dans les Hahayna, à l'est de Fez, pour soutenir le caïd.

Départ de Fez.

Au printemps de 1881, Mulay-Hassan quitta Fez et se dirigea sur Rabat en soumettant la tribu des Zemmour, puis il partit pour Maroc à travers les Zaer, tribu presque toujours insoumise; l'armée resta deux mois dans ce pays désolé, razzant les tribus et vidant les silos de céréales, puis elle arriva dans les riches plaines de Chaouïa, d'où elle se dirigea sur la région de Tedla.

Les montagnes de Tedla étaient occupées par des tribus qui reconnaissaient pour leur chef un chérif nommé Mhaouch, tandis que la plaine était sous l'influence d'un puissant marabout, Ben-Daoud, ami du sultan; on ne pouvait pas avec une armée fatiguée par trois mois de route songer à attaquer les habitants des montagnes de Tedla.

On se contenta de faire quelques démonstrations sur les pentes inférieures, de laisser agir les chérifs et marabouts, et on mit en fuite la plupart des partisans de Mhaouch; les uns furent pris par les Aït-Attab soumis deux ans auparavant, les autres, par les Beni-Melell; Mhaouch, craignant d'avoir la retraite coupée par la tribu de Zayane, s'enfuit également.

Les prisonniers faits par les Beni-Melell furent envoyés au camp et expédiés à Maroc pour servir d'otages.

Afin de surveiller Mhaouch et les tribus berbères qui se trouvent entre Tedla et le Tafilet, on envoya un caïd dans la tribu des Zayane et on lui donna des troupes d'infanterie et d'artillerie pour le soutenir.

Encouragé par la réussite de ses opérations, le sultan songea dès ce moment à organiser une expédition dans le Sous : à cette époque il n'avait dans le Sous que deux caïds, un à Tarudant et l'autre à Agadir, et dans le reste du pays son autorité était plus nominale que réelle. Toute la partie au sud de l'oued Sous était soumise à l'influence d'un chérif nommé Sidi-Hachem; un commerçant anglais, Makenzie, était établi au Cap-Juby, disant que le pays n'appartenait pas au Maroc; un autre (Curtis) intriguait avec les habitants du pays de Aït-Ba-Amran pour établir un comptoir sans l'assentiment du sultan : de leur côté, les Espagnols réclamaient sur la côte du Sous le port qui leur avait été cédé en exécution du traité de Tétouan; il était urgent de faire reconnaître son autorité dans le pays.

Retour à Maroc.

Mulay-Hassan revint à Maroc, et après quelques mois de séjour envoya des troupes aux environs de Tarudant pour préparer l'expédition qu'il projetait.

Il loua le bateau à vapeur *l'Amélie*, pour approvisionner son armée dans le Sous, où il était à prévoir qu'on ne trouverait absolument aucune ressource.

Départ pour le Sous.

On partit au printemps de 1882 et on traversa le pays de Haha malgré d'énormes difficultés de terrain.

On trouva à Agadir le bateau *l'Amélie*, qui qui y débarqua des céréales, on se dirigea ensuite sur Tarudant, parcourant sans combat la distance qui sépare cette ville d'Agadir.

A Tarudant, le sultan reçut plusieurs députations et commença à nommer des caïds, choisissant pour cet emploi les cheikh les plus importants du pays. A ce moment l'armée était considérablement réduite par les désertions : elle fut très à propos renforcée par des nouaib (troupes irrégulières) fournis par les tribus des environs de Tarudant.

Mulay-Hassan quitta bientôt Tarudant, passa l'oued Sous le 2 juillet et arriva à Massa, où, après bien des efforts, le bateau *l'Amélie* put débarquer de nouvelles provisions. Un navire de guerre espagnol se trouvait également en rade près de l'embouchure de l'oued Oulrass, portant un ambassadeur marocain qui revenait de Madrid où il avait été envoyé par le sultan, afin de régler la question de la cession du port dont nous avons parlé.

Cet ambassadeur débarqua à Massa, et après avoir conféré avec le sultan, remonta à bord du navire de guerre, qui leva l'ancre.

De Massa on se dirigea sur Tiznit, puis sur Aglou où on comptait recevoir par le bateau des provisions qui auraient permis de continuer la marche sur Auguelmim; le sort en décida autrement.

La mer devint mauvaise, le bateau arriva devant Aglou, traînant derrière lui une file de barcasses qui faillirent être perdues; on fit des efforts surhumains pour communiquer avec la terre, mais la mer devenant de plus en plus grosse, le bateau fut obligé de lever l'ancre.

Le camp était à deux heures de la mer, quelques cavaliers se trouvaient sur le rivage, mais ils n'avaient pas été chargés d'annoncer l'arrivée du bateau, ni de faire des signaux; avec leur inertie habituelle, ils ne se dérangèrent pas, et ce ne fut que deux heures après que le sultan apprit la nouvelle.

Il monta promptement à cheval et partit en toute hâte avec quelques cavaliers disponibles : quand il arriva sur la plage le bateau avait disparu. Mulay-Hassan était profondément désappointé; on lui avait dit que de Massa à Oued-Noun la mer était mauvaise un jour sur deux; mais connaissant très peu l'Océan, il se figurait que sa présence suffirait pour faire disparaître les obstacles.

Les mariniers d'Aglou ayant déclaré le débarquement impossible, il s'assit sur le rivage, voyant rouler avec dépit les vagues irrespectueuses qui condamnaient son armée à la famine.

Après avoir attendu quelque temps et envoyé sans résultat des cavaliers à la découverte, il remonta brusquement à cheval et revint au camp : le voyage d'Auguelmim était manqué.

Pendant plusieurs jours l'armée manqua de tout, les désertions devinrent de plus en plus nombreuses lorsqu'heureusement on put recevoir des vivres de Massa et d'Agadir par voie de terre.

Sidi-Hachem garda une attitude défensive; entouré de plusieurs centaines d'esclaves qui lui étaient tout dévoués, possédant dans le Tazeroualt une maison fortifiée bâtie sur un pic inaccessible, il n'avait que peu de chose à craindre de l'armée chérifienne, qui ne pouvait pas sans péril, en l'état de misère où elle se trouvait, s'engager dans son pays.

Une correspondance acharnée s'établit entre lui et le gouvernement, au sujet de l'établissement d'un port dans le Sous. Les gens du Sous étaient très désireux d'avoir un port; on ne pouvait pas songer à en établir à Agadir-Fonti, car on aurait complètement ruiné Mogador. L'embouchure de l'oued Assaka se prêtait assez bien aux nécessités de la situation et l'établissement d'un port en ce point aurait annihilé le comptoir anglais du cap Juby; mais les habitants, qui étaient peu nombreux, craignaient d'attirer chez eux les nomades du Sahara; Sidi-Hachem ne voulait se prêter à la circonstance qu'à condition que le port fût à lui.

Ces négociations aboutirent quelques mois après; Sidi-Hachem envoya des cadeaux à Mulay-Hassan, une entente complète s'établit entre eux, et son fils fut nommé caïd du pays de Semlala. L'ouverture du port de l'Oued-Assaka fut décidée en principe.

Le sultan fit partir de Aglou son oncle Mulay-El-Amine afin de nommer des caïds sur l'oued Noun, d'en étudier l'embouchure (oued Assaka) et de faire examiner l'emplacement du port qui devait être cédé à l'Espagne.

Mais il arriva un fait inattendu, c'est que les Espagnols n'avaient pas pu indiquer d'une manière précise cet endroit, dont le nom n'est pas connu dans le pays, et que les Maures se gardèrent de porter la moindre lumière dans la question; l'affaire fut reprise plus tard.

Mulay-Hassan envoya aussi des voyageurs au cap Juby avec mission d'inviter Mackenzie à s'en aller et à s'établir s'il le jugeait convenable à l'oued Assaka; Mackenzie refusa et les voyageurs revinrent péniblement, après avoir perdu presque tous leurs chameaux et les avoir remplacés par des ânes.

De Aglou le sultan revint à Agadir; on

pénétra dans l'Atlas et on détruisit la maison d'un cheikh insoumis, puis ayant à peu près terminé les affaires au sud de l'Atlas, on songea à rentrer à Maroc le plus vite possible, car les hommes et les chevaux étaient arrivés à la dernière limite des privations qu'il est possible de supporter.

On revint par le pays de Haha avec une température de 49° sous la tente, laissant sur la route les hommes morts de soif et les animaux épuisés.

L'eau était tellement rare qu'un jour deux chleuh refusèrent à l'escorte du sultan et à ses femmes l'entrée de leur maison dans laquelle se trouvait une citerne, et qu'il fallut faire mine de mettre les canons en batterie pour les décider à céder leur eau.

L'armée arriva à Bouriky dans un triste état; elle avait perdu plusieurs milliers de chevaux et de chameaux, et un grand nombre de déserteurs; mais le but principal était atteint : le Sous avait accepté 43 caïds.

De Bouriky à Maroc on ne marcha plus que la nuit, afin d'éviter les ardeurs du soleil, et on arriva à Maroc le 10 août 1882, après la plus rude expédition qui eût été faite au Maroc de mémoire d'homme.

Les habitants du Maroc furent fort heureux de voir revenir leur sultan, qu'ils croyaient perdu.

Départ pour Tedla.

Mulay-Hassan expédia à cette époque dans le Sous le bataillon des bokhari, avec mission d'empêcher les habitants du pays de faire du commerce avec l'Anglais Curtis, et envoya à Mogador une commission qui devait s'entendre avec les envoyés du gouvernement espagnol en vue de la cession du port, puis il partit le 20 mai pour le pays de Tedla.

Dans cette région on reçut la soumission d'un grand nombre de tribus, entre autres celle des Zayane : sous la protection de cette puissante tribu, on pénétra dans la région appelée *el Biban* (les portes) où le sultan Mulay-Sliman avait été battu autrefois et obligé de laisser jusqu'à sa tente.

A peu de distance des *Biban* on fut arrêté

par la tribu de Smala retranchée dans une casbah nouvellement construite.

Affaire de Smala.

Le sultan donna l'ordre d'attaquer la casbah, assista à l'affaire et resta à cheval toute la journée par une température effroyable, sans boire ni manger (parce qu'on était au temps du Rhamadan).

L'affaire fut chaude, les Berbères se défendirent avec énergie et tuèrent 400 fantassins et 50 artilleurs environ ; l'artillerie de montagne put démolir le rempart crénelé (r'dif), mais ne parvint pas à faire brèche ; les troupes d'infanterie, accablées par la soif et manquant de cartouches, finirent par s'immobiliser à distance respectueuse des murs.

Heureusement dans l'après-midi on put installer une batterie de mortiers et bombarder la place : l'effet de ces projectiles qui *tombaient du ciel* fut immédiat, car les Berbères demandèrent aussitôt à traiter.

Les négociations traînèrent jusqu'au soir, à cause de la résistance des femmes, qui ne tenaient nullement à être livrées à l'armée et ne voulaient se rendre qu'avec le pardon complet.

Le grand vizir essaya vainement de parlementer avec les insurgés, mais ne parvint pas à s'entendre avec eux; la rupture des négociations fut annoncée par une fusillade plus brillante qu'utile, exécutée contre les murs par toute la cavalerie qui l'escortait, après quoi on reprit le bombardement jusqu'au soir.

Ensuite on installa le camp sous les murs de la Casbah avec l'intention de reprendre l'attaque le lendemain, mais à la tombée de la nuit les Berbères se formèrent en colonne serrée (les femmes, les enfants, les bestiaux au centre), sortirent de la place, occupèrent l'infanterie marocaine en tiraillant de divers côtés à la fois et abandonnant quelques bestiaux, puis ils disparurent dans la montagne.

Le lendemain matin, la cavalerie ramena

une centaine de prisonniers qui furent enchaînés; parmi eux se trouvait un vieillard qui pouvait à peine marcher; on trouva qu'il serait bien gênant et qu'il avait assez vécu, et on le livra à un soldat qui le tua dans un coin.

On entra dans la casbah, qui renfermait un grand nombre de cadavres, entre autres celui d'une femme qui tenait dans ses bras un nourrisson vivant. Des chiens traînaient dans tous les coins des débris humains; les blessés, mangés par le soleil et par les mouches, geignaient sans que personne s'occupât d'eux.

Plusieurs habitants de la casbah revinrent furtivement pour voir ce qui se passait; l'un d'eux fut reconnu par son chien qui vint joyeusement sauter après lui : les soldats s'aperçurent de cette scène et cinq minutes après la tête du Berbère ornait le bout d'une baïonnette.

On démolit la casbah à la pioche et le lendemain on se dirigea vers le pays des Zaër.

Poursuite des Zaër.

La tribu des Zaër avait déjà été parcourue en 1881, mais comme on n'y avait laissé aucune garnison elle était restée aussi insoumise qu'autrefois. On poursuivit les Zaër pendant un mois en prenant la précaution de n'indiquer la direction de la route qu'au moment même du départ afin d'éviter les indiscrétions, on vida plusieurs silos, on razza quelques douars et on livra plusieurs combats peu importants, après quoi l'on rentra à Méquinez par les Beni-Mter (octobre 1883); la campagne avait duré plus de quatre mois.

Mulay-Hassan.

Mulay-Hassan est un homme grand, au teint bronzé, aux cheveux grisonnants, à la barbe noire et floconneuse, âgé d'environ 45 ans.

Il s'habille en blanc, avec la plus grande simplicité, a les pieds nus dans des babouches, et ne se distingue des autres Arabes que parce qu'il met son capuchon de laine sur la tête. Il porte un dellil (livre de prières) suspendu par un cordon de soie, une ceinture ordinaire, une bague en argent ornée d'un brillant, et une montre également en argent, car les vrais croyants ne doivent pas avoir d'objets en or sur eux.

Toute la soie qu'il a sur lui ne doit pas peser plus d'une livre; les étoffes riches et les ornements sont réservés aux femmes.

Ses moindres gestes sont empreints d'une dignité particulière; en public, il ne parle généralement que par l'intermédiaire du maître des cérémonies, qui répète ses paroles à haute voix afin que nul n'en ignore.

Il gouverne par lui-même et considère ses ministres comme de simples secrétaires. Connaissant à fond la littérature arabe, il passe une partie de son temps à lire et à commenter les livres de religion; il aime aussi les sciences et s'occupe notamment d'astronomie.

Mulay-Hassan ne va jamais à Tanger, en sorte qu'il ne voit les ministres plénipotentiaires des puissances européennes que lorsqu'ils lui font des visites ; cette circonstance ne se présente que tous les deux ou trois ans à peine.

Les affaires courantes sont réglées par son ministre des affaires étrangères, Si Mohammed Bargach, qui réside à Tanger, et qui est surtout chargé d'amortir le premier choc des réclamations.

Il a dans son palais un très grand nombre de femmes blanches et de négresses (quinze cents environ) plus quatre femmes légitimes qui ont le titre de cherifa (princesses).

Le palais est gardé par une cinquantaine d'eunuques noirs achetés à grands frais en Abyssinie et qui ont perdu *tous* les attributs de leur sexe ; le service intérieur est fait par une nuée de négrillons.

Le factotum du sultan, nommé Ba-Ahmed, s'occupe de tous les détails de l'administration intérieure de la maison, des secours à accorder aux cherifs et des achats à faire en Europe.

Les palais impériaux sont construits en pisé et tout le luxe est réservé pour l'intérieur ;

les démolitions et constructions ne cessent presque jamais parce que l'usage interdit aux sultans de demeurer dans le palais de leur père.

Le cheval ayant toujours été l'unique trône des empereurs du Maroc, le sultan a plusieurs centaines de ces animaux dans ses écuries; lorsqu'il donne audience plusieurs chevaux sellés sont tenus dans son voisinage.

Administration.

Le sultan a plusieurs frères qui remplissent les fonctions de khalifa (lieutenant) en son absence : Mulay-Ismael à Fez, Mulay-Richid à Tafilet, Mulay-Othman à Maroc.

Mulay-el-Amine, oncle de Mulay-Hassan, est souvent chargé de conduire des expéditions.

Chacun des khalifa a environ trois cents sahab (domestiques, clients) qui sont à sa disposition, en outre du *guich* (réserve) de l'endroit où il se trouve. Il a une cour qui est une réduction de celle de Mulay-Hassan, un grand vizir, un maître des cérémonies, etc.

L'administration proprement dite se compose des ministres et de leurs secrétaires, des cavaliers qui ont des emplois au maghzen, les domestiques du sultan, qui quelquefois sont chargés de certaines missions, des caïds de province et des *oumana* (pluriel du mot *amine*).

Les principaux personnages de la cour sont : le premier ministre ou grand vizir, le ministre des réclamations, le ministre de la guerre, le *caïd mechouar*, maître des cérémonies.

Les agents inférieurs sont : les *moulinn frach*, chargés des tapis ; *moulinn nodo*, chargés des ablutions ; *moulinn mâ*, chargés de l'eau ; *moulinn athei*, chargés du matériel considérable qui sert à la confection du thé dans le palais ; les *cẓara*, bouchers, cuisiniers ; les moulinn *roua*, palefreniers (le mot moulinn est le pluriel du mot *moula*, maître) ; les *ferregui*, chargés des tentes (en ville ils servent de plantons) ; les *mechaouri* qui forment le cortège du sultan dans les cérémonies : les *moulinn moukhala* et le *moulinn skin*, porteurs des fusils et du sabre du sultan ; autrefois ils jouaient le rôle de bourreaux, actuellement leur place n'est plus qu'une sinécure. On les emploie pour des missions de confiance : sous Napoléon III, un *moul-moukhala* faisait partie d'une ambassade à Paris, ce dont le gouvernement français fut peu flatté; les *mesekhrin*, qui font les commissions dans les tribus, accompagnent les prisonniers et font en un mot le métier de nos spahis; ils sont partagés en six escadrons.

Tous ces cavaliers partagent, avec l'artillerie, le droit de crier devant le sultan : *Allah ibark amer Sidi* (que Dieu protège la vie de notre Seigneur); dans les cérémonies à cheval ils paraissent avec le fusil dans le bras gauche.

Les *caïd-agha* (chefs d'escadrons) du maghzen sont tous des hommes de confiance qui ont des états de service remarquables; plusieurs d'entre eux ont été en ambassade à Paris.

Les congrégations qui dominent à la cour sont celles de Mulay-Taïeb, Tedjini et Sidi Moktar.

Les ministres et agents du maghzen sont

très peu payés; en revanche ils touchent pour les affaires qu'ils traitent une sokhra (commission) souvent très forte sans l'abandon de laquelle il est impossible de rien terminer.

Travail et installation du maghzen.

Pour les personnes de l'entourage du sultan, le passage de l'état de station à l'état de route se fait presque instantanément et le travail du maghzen se pratique toujours de la même manière : le grand vizir, entouré d'une douzaine de secrétaires très lettrés, siège généralement en plein air; il est assis sur un tapis, derrière une petite caisse en bois qui renferme quelques papiers.

Cette installation manque de prestige; on a peine à croire qu'on ait devant soi le conseil supérieur de l'empire.

Parmi les secrétaires, les uns écrivent gravement des lettres sur des sujets qui leur sont indiqués à voix basse, les autres grattent avec un canif les mots mal écrits, les plus jeunes recopient les lettres officielles sur des registres, coupent le papier avec des ciseaux, font les enveloppes et mettent la cire avec un soin méticuleux. Ils ont d'étranges habitudes, et parfois se coupent les ongles des pieds tout en causant d'affaires : en revanche, ils accusent les Turcs de se christianiser : quand on leur parle des usages européens adoptés à Constantinople, ils répondent que *le sultan de Stamboul n'est pas chérif.*

Le caïd Mechouar est assis à une certaine distance de là, son khalifa se tient devant le conseil, un grand bâton à la main; il est chargé d'annoncer les solliciteurs : généralement il les tient par leurs vêtements comme s'il avait peur de les voir se précipiter sur le conseil.

Les oumana (intendants) siègent dans trois bureaux à proximité; ils reçoivent au jour le jour les sommes nécessaires; le mouvement des fonds est d'ailleurs peu considérable, car le budget des dépenses de l'empire et de la maison impériale ne dépasse pas 6 à 7 millions par an.

Le principal trésor est placé à l'intérieur du

palais de Maroc; son ouverture ne peut avoir lieu qu'avec le concours d'un intendant, d'une femme de charge (arifa), d'un eunuque et du pacha de la casbah.

Les caïds des mesekhrin et mechaouri sont assis dans le voisinage du conseil pour recevoir les ordres.

Comme il n'existe aucune salle d'attente et que les Arabes ne marchent pas sans nécessité, on s'accroupit le long des murs : dans ce milieu les caïds des provinces ne brillent pas; ils sont habillés le plus simplement possible et parlent peu, car les murs peuvent avoir des oreilles.

Le sultan se trouve dans un petit pavillon en bois situé au milieu d'une cour; à Fez, ce pavillon est monté sur roues et peut être transporté dans tout le palais. Il peut également siéger dans un jardin aux environs de la ville; dans ce cas les ministres s'installent comme ils peuvent, généralement sous la tente.

Des panthères apprivoisées promènent dans la cour du palais leurs pas souples et silencieux, semblant prendre plaisir à surprendre les gens accroupis. Nous avons vu souvent ces animaux sauter sur la tente aplatie où siège le conseil et s'y étirer pendant des heures; les ministres qui travaillaient sous cette tente devaient faire de sérieuses réflexions sur les conséquences d'une déchirure de l'étoffe; mais, bons courtisans, ils se gardaient bien de déranger les panthères du sultan.

On est averti de l'arrivée de Mulay-Hassan par des cris qu'on entend dans l'intérieur du palais; à chaque porte les esclaves crient en cadence : *Allah ibark amer Sidi!*

Le sultan envoie un esclave dire au grand vizir : *Le maître t'appelle.*

Le ministre se lève précipitamment, compose sa démarche en route, prend un air de plus en plus humble à mesure qu'il approche de l'endroit où siège son seigneur et maître (qui est en même temps son neveu), enlève ses babouches et entre dans le pavillon, où il trouve le sultan assis dans un fauteuil. Il traite les affaires avec lui, prend des notes et se retire; il est remplacé par les autres ministres, quelquefois par les caissiers. Mulay-Hassan reçoit rarement d'autres personnes.

Les lettres sont remises à des rekass de la ville, qui se réunissent tous les jours devant le grand vizir, lequel leur donne lui-même les indications nécessaires pour qu'ils ne se trompent pas de destinataire.

Ce ministre est fort occupé; il arrive au palais peu de temps après le lever du soleil et presque toujours avant ses secrétaires, y reste jusqu'à onze heures ou midi, revient à l'aseur et ne s'en va que quelque temps après le moghreb, lorsqu'on ramène à l'écurie les chevaux du sultan, ce qui prouve que le maître est rentré.

Avant de partir, toute la cour fait la prière du soir; les ablutions ont été faites avant l'aseur.

Les fonctionnaires travaillent tous les jours, sauf le vendredi matin; ils ne demandent jamais de congés et se traînent à leur poste jusqu'au dernier moment; ils n'avouent jamais que la vieillesse arrive.

Ils ont tous très peu d'initiative, évitent d'endosser les plus légères responsabilités et ne font rien sans ordre du sultan : il en résulte que les affaires les plus simples et les plus urgentes traînent en longueur plus que de raison.

D'ailleurs leurs fonctions ne sont pas bien définies : on enverrait très bien le ministre des réclamations diriger une expédition et le ministre de la guerre régler une affaire avec un caïd.

Les cheurfa occupent rarement des emplois permanents, mais à l'occasion ils sont chargés de missions spéciales.

Le sultan fait usage de deux cachets, un petit pour les affaires courantes et un grand (de la dimension d'une pièce de cinq francs en argent) pour les lettres importantes. Pour en faire usage on les barbouille d'encre qu'on étend ensuite avec le doigt mouillé et on les imprime au commencement des lettres, où elles tiennent lieu de signature.

Avant de lire ces lettres, qui sont dites *Cherifiennes*, les Marocains, après avoir considéré le cachet avec attendrissement, le placent sur leur front et embrassent la missive.

Le sultan se livre à jours fixes à certaines occupations particulières :

Le dimanche, il entend un certain nombre de réclamations directes ; il siège dans son écurie.

Le lundi, il tire le canon dans la cour de son palais, pointe lui-même, et ne s'en va que quand les cibles sont tombées, eussent-elles été trouées vingt fois. A chaque chute les canonniers crient avec frénésie : *Allah ibark amer Sidi!*

Le mercredi, le sultan passe une revue des troupes au point de vue de l'effectif ; il est assis dans un pavillon ou sous une tente et le ministre de la guerre se tient auprès de lui avec les états de solde à la main ; les *allef* (payeurs) se placent sur un rang.

Chaque corps s'avance successivement ; les mechaouri comptent les hommes et font connaître les chiffres au sultan ; les caïds agha fournissent des explications sur les absences.

Quelquefois, pour les présenter au sultan,

un simple mechaouri les prend par leur baudrier. Si on les trouve en faute, on enlève le baudrier avec le sabre et on les conduit en prison; souvent on leur distribue l'*assa* (bâton) séance tenante sans que cette punition semble les humilier beaucoup.

Tout se passe par l'intermédiaire du maître des cérémonies, qui est coiffé d'un énorme turban et tient un bâton blanc à la main; les explications sont quelquefois longues et embrouillées, d'autant plus que, après chaque lambeau de phrase, on ajoute : *Allah ibark amer Sidi!* Nous renonçons à dépeindre la bizarrerie de cette scène.

Le jeudi, le sultan se rend dans un grand jardin avec ses femmes; il s'y livre souvent au divertissement favori des Arabes, *le jeu de la poudre* : c'est la seule circonstance où il se permette de galoper. A Maroc, le parc du sultan est très vaste et renferme un étang sur lequel se meut une élégante chaloupe à vapeur achetée à Paris (1).

(1) Le sultan Sidi Mohammed ayant remarqué que le muedden de la ketibia regardait ce qui se passait dans son parc, ordonna

Le vendredi, il se rend à la mosquée pour faire la prière du dhôr, et se fait voir à son peuple; il est interdit aux Israélites de se trouver sur son passage.

Le samedi, au printemps, Mulay-Hassan fait une promenade hors de la ville et emmène avec lui les ministres et toute la cavalerie disponibles. Ces promenades durent quelquefois neuf à dix heures pendant lesquelles on ne prend absolument rien (1). Elles ont souvent pour but une visite à une koubba de marabout.

Du cérémonial.

Le sultan ne paraît jamais en public autrement qu'à cheval, accompagné de deux palefreniers qui lui chassent les mouches avec des foulards, d'un *moul mdol* qui lui tient au-dessus de la tête un parasol brodé d'or et de soie, et quelquefois de deux individus qui portent des lances à fer doré.

qu'à l'avenir la place de muedden de cette mosquée ne serait plus occupée que par des aveugles.

(1) L'étiquette empêcherait Mulay-Hassan de prendre même un verre d'eau en public.

Devant lui marchent quelques chevaux tenus en main, ensuite le caïd mechouar, les moulinn moukhala (porteurs de fusils), qui tiennent leur arme avec un mouchoir, le moul skin (porteur de sabre), le khalifa du caïd mechouar et les mechaouri.

Derrière lui, comme une ombre, marche Ba-Ahmed; les ministres l'accompagnent quelquefois : généralement on fait sortir aussi une voiture de gala du temps de Louis-Philippe; les roues ne tiennent plus que par miracle, le harnachement est trop large, certaines courroies ne sont pas à leur place et traînent à terre : néanmoins la voiture suit le mouvement général.

Mulay-Hassan essaierait de monter dans ce véhicule s'il était malade et obligé d'aller à la mosquée pour se faire voir : dans ce cas les chevaux seraient tenus en main, car il ne voudrait jamais admettre que quelqu'un fût au-dessus de lui sur le siège.

Une musique européenne organisée tant bien que mal par un renégat espagnol commence à jouer vigoureusement dès qu'il apparaît. Une partie des cavaliers du maghzen est rangée de chaque côté de la porte : quelquefois d'autres troupes s'y trouvent et se forment en bataille.

Le sultan remue les lèvres et un des individus qui l'accompagnent s'écrie : *Le Seigneur a dit que Dieu vous protège.* Tout le monde s'incline en cadence et s'écrie : *Allah ibark amer Sidi!* (que Dieu bénisse la vie de notre Seigneur!)

Les mêmes acclamations se répètent trois fois devant chaque corps de troupe de cavalerie ou d'artillerie.

L'infanterie présente les armes en silence.

Quand les Marocains parlent au sultan, ils doivent intercaler entre les phrases les mots *Allah ibark amer Sidi!* ou *nâma Sidi* (oui, Seigneur), ou employer l'expression *Sidna* (notre Seigneur).

Les caïds qui reviennent de voyage ont l'habitude de se précipiter devant le sultan, d'ôter leurs babouches et de baiser la terre.

De son côté, le sultan dit souvent le *fatah* avec les troupes de maghzen et l'artillerie;

l'honneur de dire cette prière avec le sultan est très recherché.

De l'hédia.

La cérémonie de l'hédia est celle dans laquelle le sultan reçoit les tributs qu'on lui apporte.

Toutes les troupes sont convoquées à pied et forment un vaste carré; les porteurs de l'hédia se placent sur plusieurs rangs portant des cadeaux en nature et des caisses pleines d'argent.

Le sultan sort avec le cérémonial habituel et se fait présenter successivement les délégués des tribus; devant chaque groupe se répètent les acclamations que nous avons décrites.

Les cadeaux enlevés, les cavaliers qui précèdent le sultan font un demi-tour et poussent une acclamation formidable, le canon tonne et Mulay-Hassan rentre chez lui.

Réception des ambassadeurs.

La cérémonie de la réception des ambassadeurs a la plus grande analogie avec celle de l'hédia : autrefois un chrétien ne se présentait pas sans avoir un cadeau entre les mains. Le sultan est à cheval et l'ambassadeur à pied.

Sous Mulay-Ismaël, un ambassadeur anglais fut forcé de retirer ses bottes pour se présenter : en revanche, le roi d'Angleterre força un ambassadeur marocain à retirer non seulement sa chaussure mais encore son turban. Plus tard, le comte de Saint-Olon, ambassadeur de Louis XIV auprès de Mulay-Ismaël, se couvrit en prononçant son discours; depuis, cette habitude se perdit, et pendant de longues années les ambassadeurs se crurent obligés de rester découverts pendant toute la réception, quelle que fût l'ardeur du soleil.

En 1881, les ambassadeurs qui furent reçus par le sultan se couvrirent pendant une partie de la cérémonie.

En quittant la ville, l'ambassadeur reçoit généralement un cheval sellé, un fusil et un sabre : il n'existe pas de décoration dans le pays, et les Marocains qui ont reçu en France ces marques de distinction ne les portent jamais.

Mariages.

Lorsque le sultan se marie on organise une grande fête à laquelle sont invitées les femmes des grands personnages, qui séjournent dans le palais pendant plusieurs jours.

Un bataillon d'infanterie est posté sous les murs du palais pendant toute la nuit pour tirer des coups de fusil.

Les fils du sultan sont élevés assez durement dans des zaouïa isolées; on leur donne pour compagnon un esclave de leur âge qu'ils appellent leur frère. Cet usage a pour origine une sourate du Coran qui recommande à chaque musulman de se choisir un ami sûr.

On ne les fait entrer dans les villes que pour les marier : après avoir fait une cérémonie dans le palais, on les fait monter à cheval et on les promène hors la ville avec une escorte nombreuse en leur prodiguant les *Allah ibark*... etc., à chaque instant.

Le sultan marie en outre chaque année un certain nombre de jeunes cheurfa de sa famille. La cérémonie de la distribution des effets qu'il leur donne est assez curieuse et se fait de la manière suivante : à la tombée de la nuit on dresse une estrade, au milieu d'un vaste carré formé des soldats portant des torches allumées et derrière lesquels on dispose des pièces de canon. Sur l'estrade s'installent les ministres et oumana du palais; des effets (peu luxueux) et des sabres ordinaires sont disposés à leur portée. Les jeunes gens arrivent la tête recouverte d'un capuchon et montés sur le dos d'un cavalier, parce que dans la journée ils ont eu les pieds barbouillés de henna et ne peuvent pas marcher.

On fait l'appel comme s'il s'agissait de distribuer des effets à des recrues, on donne à chacun ce qui lui revient et on inscrit le don sur un registre. Cette cérémonie, qui dure plusieurs heures, a le privilège d'exciter au plus haut degré l'enthousiasme de l'assistance, ce qu'on y brûle de poudre est inimaginable.

Par la même occasion le sultan marie des négresses et des bokhari et fait circoncire les enfants pauvres.

Des fêtes.

Le sultan se fait aussi voir en public à l'occasion des fêtes.

Nous décrivons ce qui se passe à l'Aïd el Kébir, qui est la fête principale des Arabes, tandis que le Baïram (Aïd Serir) est la grande fête des Turcs.

On établit près de la ville (ou du camp) une enceinte demi-circulaire (nommée *m'sella*), ouverte à l'ouest et formée par des panneaux de toile ; on y installe une estrade avec un chevalet destiné à recevoir un livre de prière.

Le sultan sort accompagné d'une escorte très nombreuse, passe à travers un double cordon de troupes et se rend à la m'sella, précédé par deux batteries d'artillerie.

Tout le monde descend de cheval et un imam fait une prière à laquelle prennent part le sultan et les principaux assistants, puis l'imam monte sur l'estrade et fait une longue *karaia* (lecture de livre sacré), ensuite le sultan et l'imam égorgent chacun un mouton; ces deux animaux sont portés sur des mules et conduits au galop, l'un à la maison du sultan et l'autre à celle du cadi.

On tient beaucoup à ce qu'ils n'expirent que lorsqu'ils sont arrivés à destination, aussi on maintient la plaie avec soin, et on fait à l'avance des courses de mules pour choisir les meilleures.

Après le sacrifice on monte à cheval et le sultan entre dans un carré formé par des troupes d'infanterie avec de l'artillerie aux angles : les envoyés des tribus, à cheval et à mule, se présentent successivement, portant des étendards qui flottent au vent et forment un spectacle fort pittoresque.

Le sultan commence par embrasser les

étendards de Mulay-Driss, fondateur de Fez, puis se fait présenter successivement les autres groupes ; devant chacun il dit le *fatah*.

Cette cérémonie dure plusieurs heures, et le caïd mechouar est obligé de crier plusieurs centaines de fois.

Le sultan repasse ensuite devant les troupes, et l'artillerie tire en avant de lui un grand nombre de coups de canon, après quoi les troupes se réunissent et recommencent à brûler de la poudre pendant une demi-heure au moins.

Cette nouvelle fête est présidée par le ministre de la guerre ; vers la fin on lui apporte du lait et des dattes qu'il partage avec les principaux personnages de l'armée, puis chacun rentre chez soi.

A Fez et à Maroc, cette fête se passe dans une grande cour qui ne possède que deux portes. Il est difficile de se faire une idée de l'encombrement qui règne à la sortie : les bataillons se coupent, les cavaliers se heurtent, se battent avec les crosses des fusils, les gens qui n'ont pas épuisé leur poudre tirent des coups de feu à tout propos, et malgré cela les accidents sont excessivement rares ; les Arabes semblent avoir un privilège à cet égard.

Sultan des tolba.

Tous les ans au printemps les tolba choisissent un des leurs auquel ils donnent le titre de sultan des tolba pour huit jours.

Ce sultan de rencontre s'habille comme Mulay-Hassan, se procure une escorte et un cheval, se fait tenir sur la tête un vieux parapluie, se fait chasser les mouches par des collègues, et, ainsi accompagné, parcourt toute la ville en faisant la cérémonie de l'hédia à chaque coin de rue.

Il envoie aux habitants riches des billets pour leur demander de l'argent; on s'exécute généralement de bonne grâce.

Ensuite les tolba établissent hors de la ville un camp où ils font bombance : ils y tiennent des séances d'hédia auxquelles les ministres vont gravement assister.

Généralement le sultan des tolba s'enfuit un jour avant la fin de la fête, parce que si ses sujets le trouvaient dans sa tente au moment où la dernière heure de sa royauté a sonné, ils le dévaliseraient complètement.

Les tolba s'agitent beaucoup pour la nomination de leur sultan; comme toujours, l'argent joue le rôle principal dans l'affaire.

Cette coutume aurait son origine dans le fait suivant : à l'époque où les cheurfa commençaient à conquérir le Maroc, un juif nommé Mechâl était sultan de la ville de Taza et des environs; les tolba réussirent à pénétrer dans la place et à assassiner Mechâl : depuis cette époque on leur donne le droit de jouer au sultan pendant huit jours.

CHAPITRE V.

L'ARMÉE.

Recrutement.

Dans les tribus du maghzen, qui forment une colonie militaire, le recrutement se fait à peu près régulièrement à raison de un combattant par foyer; mais dans les autres tribus la seule règle est le bon plaisir des caïds : lorsque le sultan a besoin de soldats, ces fonctionnaires lèvent des recrues dans les familles qui n'ont pas d'argent à lui donner et les envoient au maghzen; pour qu'ils ne s'échappent pas, ils les font le plus souvent enchaîner pendant la route.

Ces soldats doivent rester en service jusqu'à leur mort, à moins qu'ils ne se fassent remplacer par une personne de leur famille.

Il en résulte que dans l'armée marocaine on trouve côte à côte des vieillards et des enfants; on y rencontre aussi des gens borgnes ou contrefaits, parce que les autorités prennent rarement la peine d'examiner les recrues au point de vue de leur aptitude au service.

Guich.

La base de l'armée est la réunion des combattants appartenant aux tribus du maghzen et formant ce que nous avons appelé le *guich*.

Le *guich*, dont l'effectif dépasse rarement 9,000 hommes, se compose d'une partie sédentaire qui ne quitte pas souvent la ville ou la tribu où il a été formé, et d'une partie active qui alimente les escadrons de mesekhrin, mechaouri, etc., et presque tout le personnel administratif. Les cavaliers du guich sont à la fois soldats et agents du gouvernement, à peu près comme nos gendarmes.

Les guich principaux sont : les bokhari, oudaïa, cheraga, cherarda et sousi.

Les bokhari formèrent pendant longtemps une sorte de garde prétorienne qu'on fut obligé de disséminer dans diverses provinces pour arriver à la dominer; actuellement leur influence a beaucoup diminué, mais néanmoins ils occupent presque tous les emplois importants de la cour.

Le guich des oudaïa a pour origine 300 cavaliers de diverses tribus, qui avaient été choisis pour former l'escorte des sultans. Plus intelligents que les bokhari, les oudaïa ne tardèrent pas à former une tribu tellement puissante qu'elle put chasser le sultan Mulay-Abd-el-Rhaman de Fez Jedid. Ce sultan s'enfuit à Mequinez, réunit des troupes et s'empara de Fez Jedid après un siège mémorable qui dura un an (1); ensuite il partagea les oudaïa en trois fractions et donna leurs terres aux cheraga, dont une partie (ouled djama), commandée par le grand-père du grand vizir actuel, avait beaucoup contribué au succès des opérations.

Sous le règne de Mulay-Sliman, les cherarda occupaient un pays très fertile à l'ouest

---

(1) On voit encore sur le front ouest de Fez les traces des boulets envoyés par les batteries de siège; de leur côté les artilleurs de Fez n'étaient pas maladroits, car on raconte qu'ils envoyèrent une bombe dans une bassine en cuivre où le sultan venait de faire ses ablutions.

de Maroc (Zaouïa Cherradi). Ce sultan ayant voulu un jour pénétrer chez eux fut battu et fait prisonnier; mis en liberté sous la promesse de ne plus porter les armes contre cette tribu, il rentra à Maroc où il mourut peu de temps après. Mulay-Abd-el-Rhaman lui succéda; au bout de deux années de séjour à Fez, il revint à Maroc et n'eut rien de plus pressé que d'assaillir les cherarda; après un combat fort meurtrier ils furent battus et les femmes et les enfants transportés aux environs de Fez sur des chameaux; les hommes firent la route à pied. Ce sultan leur assigna comme résidence le territoire de la tribu des Aït Imour, qui peu de temps auparavant avait été enlevée par surprise et transplantée aux environs de Maroc.

Garde des villes.

Il ne serait pas prudent de confier la garde de Fez, déjà très remuante par elle-même, à un seul des guich dont nous venons de parler; aussi le maghzen entretient dans cette ville des combattants tirés des guich des oudaïa, cheraga et 300 sousi.

Les ports de Rabat, Mogador et Larache sont les seuls qui aient un guich sérieux, les autres ports sont gardés par des hommes recrutés un peu au hasard ou des cavaliers envoyés directement par le maghzen.

Chevaux, équitation.

Les chevaux du Maroc ont moins de sang que ceux de l'Algérie, mais ils ont de bons membres, sont très durs à la fatigue et galopent avec aisance dans les pierres anguleuses dont presque tout le sol du Maroc est jonché.

Les cavaliers touchent une solde pour eux et leur cheval; cette somme étant rarement suffisante pour qu'ils puissent donner l'orge à leur monture dans les mauvaises années, ils la laissent le plus souvent à l'écurie et ne lui donnent que de la paille.

Il en résulte que les chevaux de l'armée marocaine ont habituellement un aspect fort misérable, mais gagnent beaucoup dès qu'on les nourrit convenablement.

Quelquefois le maghzen alloue la solde du cheval en nature; la ration moyenne est de 3 kilogr. 250 grammes environ.

Les chevaux personnels du sultan et ceux de l'artillerie touchent une ration de 6 kilogr. 500 et quelques brassées de paille par jour.

Quand on s'aperçoit que des chevaux bien nourris maigrissent sans cause connue, on leur donne une demi-livre de beurre fondu rance pendant trois jours de suite et on les laisse au repos. Cette médication est presque réglementaire; il est rare qu'elle ne produise pas un excellent effet.

Les Arabes, ayant toujours besoin de moyens de transport, n'ont pas le temps de faire subir aux chevaux un dressage méthodique : ils s'en servent le plus tôt possible.

Ces animaux sont d'ailleurs tellement habitués à l'homme qu'ils n'est pas nécessaire d'employer de grands moyens pour les dresser, le choc d'une petite baguette, la pression du coin de l'étrier suffisent à tout; l'éperon est très rarement employé.

Les cavaliers laissent coucher leurs montures sur la terre nue par tous les temps et ne leur font jamais le pansage; ils leur permettent de se rouler en allant à l'abreuvoir et les lavent de temps à autre. Ils s'attachent à les faire passer partout sans jamais les brutaliser et considèrent l'équitation comme une chose tellement naturelle qu'ils n'en parlent jamais entre eux.

Ils n'habituent pas leurs chevaux à sauter les obstacles, ce qui a très peu d'inconvénients dans un pays où on ne trouve presque pas de haies et où les fossés sont en pente douce, en sorte qu'on peut y descendre au lieu de sauter. Bien entendu les Marocains se considèrent comme les premiers cavaliers du monde; ils ont certainement de grandes qualités, mais sans aller bien loin du Maroc, on trouve en Algérie des cavaliers qui leur sont supérieurs comme hardiesse.

Ils disent qu'en Europe il n'y a que des *kidar* (rosses) et en particulier ils ont une triste idée de la cavalerie prussienne. Nous citerons à ce propos l'anecdote suivante : il y a quelques années, lors du séjour d'une ambassade prussienne à Fez, les militaires qui en faisaient partie eurent la mauvaise inspiration de faire devant le sultan une manœuvre de cavalerie. Cette manœuvre n'eut aucun succès et se termina par la chute de l'un d'eux; les cavaliers se retirèrent peu enchantés du résultat obtenu et de l'air de commisération avec lequel on demanda à celui qui était tombé s'il ne s'était pas fait de mal. Au moment de leur départ le sultan fit exécuter une *fantasia* brillante (1).

A la cour, on estime surtout les chevaux étoffés, dont l'embonpoint fait honneur à leur propriétaire en prouvant que l'orge n'a pas été épargnée ; d'ailleurs, dans ce milieu on ne se sert guère que de mules : le ministre de la guerre ne monte pas à cheval deux heures par an.

(1) La même ambassade fit cadeau à Mulay-Hassan d'une machine à glace; malheureusement, dix minutes avant l'arrivée du sultan, cette machine éclata et tua plusieurs personnes, ce qui jeta un froid.

A l'occasion des fêtes, mariages, etc., les cavaliers se livrent au *lab-el-baroud* (jeu de la poudre ou fantasia).

Ils se mettent sur un rang, partent au trot puis au galop, lèvent leur fusil dans la main gauche, le passent ensuite dans la main droite et prennent la charge; au signal d'un vieux cavalier qui se trouve au centre et sert de guide, ils crient : *Bismillah!* (au nom de Dieu!) et tirent tous à la fois sans s'arrêter. Quelquefois ils tirent en arrière.

Si un cavalier tire avant le moment voulu, ses camarades le mettent à l'amende.

Cet exercice a l'inconvénient de mettre les chevaux sur les jarrets, par suite de l'habitude qu'on a de les arrêter court après le coup parti : il est vrai que chez les Arabes les tares qui en résultent déprécient les chevaux beaucoup moins que chez nous.

Les fers n'ont que trois millimètres d'épaisseur; ils sont façonnés à froid le plus souvent; les clous sont fortement ployés de manière, à ressortir toujours très près du fer.

Les maréchaux se servent d'un instrument

ayant la forme d'une pelle à feu à bout coupant, ayant 8 centimètres de large, d'un couperet, d'un marteau, et de tricoises fabriquées dans le pays.

Au lieu d'ajuster le fer sur le sabot ils ajustent le sabot sur le fer et abattent la pince ; cette ferrure ne résiste pas longtemps. Les maréchaux font aussi l'office de *bitar* (vétérinaire). Ils ont cinq grands remèdes : les pointes de feu, le goudron, le savon noir, la saignée aux membres, la cautérisation et la saignée au palais. Ils soignent adroitement les blessures produites par le harnachement et les maladies des pieds ; les chevaux blessés qui passent par leurs mains redeviennent rapidement disponibles.

Cavaliers du guich.

Ainsi que nous l'avons dit, parmi les cavaliers du guich, les uns sont en service auprès du sultan et forment les mesekhrin, etc. Les autres sont dans leurs tribus et ne rejoignent l'armée qu'en cas de besoin. Dans ce cas ils touchent en outre du *rateb* une solde (mouna). Quelques-uns d'entre eux servent d'agents aux pachas des villes et on leur donne le nom général de moghazni (cavalier du maghzen).

Ils portent un fusil arabe à pierre dont la portée ne dépasse pas 200 mètres, une poire à poudre à laquelle sont attachés un sac à balles et un instrument pour le démontage de l'arme, quelquefois un sabre droit à poignée en corne, plus court que nos sabres de cavalerie et toujours aiguisé. Souvent ils ont un poignard recourbé (koumia ou kandjar).

Le pistolet est très rare au Maroc : cette arme coûte autant qu'un fusil et effraye moins : on hésite toujours à attaquer un individu dont l'arme se voit de loin.

Quelques caïds possèdent des revolvers mais ne savent pas s'en servir convenablement.

Le fusil est habituellement enveloppé d'un étui en drap rouge qui ne dépasse pas la crosse en sorte qu'on peut le retirer très facilement ; au moment de partir pour le combat, les cavaliers l'enlèvent tous à la fois, par un geste un peu théâtral, et l'enroulent au pommeau de la selle.

La poudre est fabriquée en ville et livrée à mesure des besoins; dans l'entourage du sultan elle est distribuée par l'artillerie.

Les balles sont de deux sortes, les unes entrent à forcement et sont placées sans bourre par-dessus la poudre; les autres ont un calibre inférieur à celui du fusil; dans les cas urgents ou les introduit rapidement sans faire usage de la baguette.

Artillerie.

Le guich fournit aussi l'artillerie de campagne qui se compose de deux bataillons, commandés chacun par un *caïd agha,* et formant 15 mia ou compagnies de 100 hommes, rarement au complet.

Les canonniers sont armés d'un mousqueton à piston sans baïonnette.

Le matériel se compose de :
6 canons rayés de 4 de campagne;

6 canons rayés de 4 de montagne;
6 parrott de 10 livres;
6 withworth de montagne;
4 canons de 8 de campagne lisses;
3 mitrailleuses Gattling;
1 mitrailleuse Hotchkiss;
2 mortiers de 15 ;
(Ces pièces sont de provenance française et en bon état (1).
4 canons analogues aux 4 de campagne;
24 canons de montagne lisses en bronze (de provenance espagnole);
1 batterie de montagne Withworth (achetée dans l'industrie en Angleterre);
(Ces canons sont très mauvais.)
1 canon Armstrong démontable;
4 mitrailleuses belges;
6 mortiers d'environ 15 centimètres.

L'un des *caïds agha* est chérif et remplit les fonctions de chef de l'artillerie.

A l'artillerie se rattachent une cinquantaine

---

(1) En 1878, le gouvernement marocain déclina les offres de l'Allemand Konring, qui venait de lui offrir des canons Krupp de montagne.

de jeunes tolba auxquels on donne le titre de mohendez (ingénieurs) : ils connaissent l'arithmétique et un peu de géométrie.

Quand on envoie un détachement d'artillerie en expédition, on lui adjoint un de ces ingénieurs pour lire les hausses (car les caïds pour la plupart ne savent pas lire); souvent aussi on les emploie pour reconnaître les routes et faire des plans.

La plupart des connaissances qu'ils possèdent sont dues à un ancien officier du génie français, nommé de Sorty, qui a vécu au Maroc pendant plus de trente ans, sous le nom de Abd-er-Rahman.

Les réparations au matériel sont adroitement dirigées par un ouvrier arabe qui a fait son apprentissage en Europe.

L'artillerie peut emmener 2 batteries de montagne à dos de mulet et 2 batteries montées. Le reste du matériel se porte à dos de chameau.

Les batteries montées furent organisées avec des chevaux arabes et du harnachement français, les conducteurs s'habituèrent rapidement à leurs nouvelles selles, les chevaux comprirent en peu de temps ce qu'on leur demandait et au bout d'une quinzaine de jours on exécutait des manœuvres aux allures vives dans tous les terrains.

Pour l'expédition du Sous, on envoya ces pièces à l'avance sur des civières à chameaux. Le passage du défilé de Mina-Takandont fut très difficile : le caïd qui était chargé de cette opération délicate faillit être abandonné plusieurs fois par ses hommes, qui manquaient de tout; un chamelier, ayant voulu dérober un obus, fut coupé en deux par l'explosion du projectile; un grand nombre de chameaux moururent d'épuisement. Les batteries finirent par arriver à Tarudant et on put les atteler au grand ahurissement des chleuh, qui n'avaient jamais vu une voiture.

L'effet moral fut considérable et par la suite on en vint à prendre de simples chariots pour des machines infernales *capables de faire sauter une tribu entière.*

Artillerie des ports.

La défense des ports est confiée à un petit nombre de canonniers sédentaires (une centaine ou deux par port), qui servent de père en fils et touchent un *rateb* mensuel.

Leur service se borne à monter la garde et à tirer des salves de réjouissance.

Le matériel se compose d'un certain nombre de canons des modèles les plus divers, qui tirent par des embrasures percées dans des murs en terre de 2 à 3 mètres d'épaisseur.

Les affûts sont vermoulus et ont des formes étranges : les pièces sont beaucoup trop serrées en sorte qu'un seul obus pénétrant dans une batterie y produirait des désastres.

Aux angles des batteries on trouve généralement des magasins à poudre presque vides qui ne sont pas mieux protégés que les pièces elles-mêmes.

A Tanger, on voit 6 canons Armstrong de 20 tonnes, installés dans 3 batteries avec réduit, construites par des ingénieurs de Gibraltar.

Les canonniers de cette ville sont instruits par un ancien sous-officier anglais.

Dans les autres ports il y a d'assez gros canons lisses, qui produisent beaucoup d'effet pour l'œil, et des pièces rayées en petit nombre, n'ayant aucune valeur contre les navires cuirassés.

A Mogador, les canons qui avaient été encloués par les marins français n'ont pas été réparés, et les projectiles lancés par notre escadre sont encore au pied des parapets.

Le port de Rabat-Salé est celui qui est le mieux défendu après Tanger; le service y est un peu mieux organisé que dans les autres, parce que pendant ses voyages le sultan passe presque toujours par ce point et visite les batteries, qu'on blanchit à la chaux pour la circonstance.

Ce port renferme 164 canons dont 30 pièces rayées de calibre de 12 environ, placées sur des châssis de fer de mauvaise qualité vendus autrefois au sultan par les Anglais. Ces châssis n'ont pas encore été installés faute de fonds.

On tire les pièces avec une poudre quelconque sans connaître exactement les charges ni les hausses.

La plupart de ces engins sont envahis par la rouille, parce que les canonniers *mangent* l'huile qu'on leur donne pour les graisser.

Dans les deux villes, il y a 46 canonniers qui sont employés d'une manière permanente aux batteries et touchent une solde en sus du rateb mensuel.

Artillerie des places de l'intérieur.

L'artillerie des places de l'intérieur est tout à fait insignifiante; elle ne se compose que d'un petit nombre de canons lisses qui ne sont bons à rien.

Marine.

Depuis la guerre de Tetouan, le sultan ne fait plus flotter son pavillon sur les mers; toutefois il a un navire de commerce qu'il avait acheté à propos de l'expédition de Sous et était arrivé trop tard. L'équipage est composé de marins anglais, danois, etc. — On l'emploie actuellement pour faire du commerce sous pavillon anglais, en attendant qu'on puisse s'en débarrasser.

Les descendants des anciens marins et pirates marocains (*bharii*), au nombre de cinq à six cents, ne sont plus employés qu'à décharger les bateaux.

Sauf Tanger, les ports du Maroc sont donc à la merci de la première puissance venue, n'eût-elle que des navires en bois. Le port de Tanger lui-même ne serait pas difficile à prendre, parce que ce n'est pas avec 6 canons mal servis qu'on défend une pareille place.

Renégats.

L'artillerie des ports, qui a précédé l'artillerie de campagne, renfermait autrefois un certain nombre de renégats et déserteurs de toutes nations. Ils procurèrent au sultan des pièces légères et s'en servirent avec succès dans les expéditions : souvent leur seule apparition mettait l'ennemi en fuite.

Par la suite ils furent de plus en plus négligés et disparurent peu à peu.

Actuellement il n'y a plus au Maroc qu'un petit nombre de ces malheureux; ils mènent d'ailleurs une existence cent fois plus misérable que celle à laquelle ils avaient cherché à échapper en quittant leur pays (1).

Génie.

On rencontre au Maroc d'excellents terrassiers venant de la province de Rif; mais, dans l'armée, personne ne sait donner convenablement un coup de pioche, en sorte que l'exécution des moindres travaux de campagne est extrêmement laborieuse. Ces travaux sont généralement faits par les hommes de l'artillerie, dirigés par les *mohendez* dont nous avons parlé.

---

(1) Nous citerons parmi eux :
Un ancien officier du génie français nommé de Sorty, natif de Douai.
Le baron de Saint-Julien, médecin du grand vizir.
Le Belge Grignard, armurier.
Un Bavarois, ouvrier en cuivre; il avait déserté à l'armée de la Loire en 1870, était entré à la légion étrangère, d'où il avait déserté au Tafilet.
Tous sont morts pendant l'épidémie de 1879.
Quelques déserteurs français et forçats espagnols qui menaient une vie des plus misérables.

Il est inutile d'entretenir les voies de communication, car le sultan ne possède qu'une vingtaine de voitures et, dans les cas difficiles, quelques coups des pioches portées par les batteries de montagne ont toujours suffi.

Dans les cas très rares où les rivières ne pourraient pas être passées à gué, on se servirait de radeaux formés par de grandes guerba (outres) recouvertes d'une plate-forme de nattes et de roseaux.

Nouaïb.

Outre ces troupes, les tribus fournissent des cavaliers appelés nouaïb, qui ne rejoignent l'armée qu'en cas de besoin. Les nouaïb ne causent au sultan aucune dépense; ils reçoivent de leur tribu une dizaine de douros par mois pour subvenir à leurs besoins et s'approvisionnent par des convois organisés à leur guise.

Les tribus berbères, notamment celle du *dîr* de Maroc, Aït-Imour, Mesfouia, etc., fournissent aussi des nouaïb à pied, qui rendent de grands services; ce sont les combattants de cette espèce qui ont le plus énergiquement résisté aux Espagnols pendant la guerre de Tétouan.

Le recrutement des nouaïb se fait de la manière la plus irrégulière, parce que les individus désignés par les caïds se rachètent autant que possible à prix d'argent.

Infanterie (asker).

L'organisation dont nous venons de parler était à peu de chose près celle de l'armée de Mulay-Abd-er-Rhaman, sauf que la cavalerie du maghzen était plus nombreuse et plus disciplinée qu'aujourd'hui, et que l'artillerie ne comprenait qu'une dizaine de pièces, le plus souvent traînées à bras par des renégats.

Après la bataille d'Isly, ce sultan songea à créer de l'infanterie sur le modèle des réguliers de El Hadj Abd-el-Kader.

Les premiers bataillons furent organisés par un caïd nommé El Hadj Ali Tunsi (de Tunis) et par un officier turc qui, quoique musulman, fut soumis à tant de vexations qu'il finit par abandonner la partie.

L'uniforme, qui donnait aux *Asker* un faux air de soldats chrétiens, déplut souverainement aux chérifs et à Mulay-Abd-er-Rahman lui-même.

Pour se débarrasser des plaintes et désagréments que lui causaient les nouveaux venus, il les confia à son fils Sidi-Mohammed, qui remplissait les fonctions de khalifa, et passait pour être ami des nouveautés ; ce sultan peut être considéré comme le véritable fondateur de l'infanterie marocaine.

Néanmoins les anciens serviteurs de Mulay-Abd-er-Rhaman ne cessent de contester l'utilité de l'infanterie, de vanter l'ancienne organisation, la mobilité de l'ancienne armée qui n'avait que très peu d'impedimenta et pouvait partir en expédition subitement, les marches forcées qu'on pouvait faire pour surprendre l'ennemi, et enfin l'aspect majestueux que présentait une troupe tout entière vêtue de l'habillement traditionnel des Marocains.

Encore aujourd'hui, l'uniforme des nouveaux soldats est un sujet de répulsion pour bien des gens; on pourrait citer des caïds qui en rentrant chez eux se hâtent de revêtir des habillements arabes pour avoir la paix du ménage.

Depuis l'avènement de Sidi-Mohammed, le nombre des bataillons ne cessa d'augmenter; aujourd'hui il est de 29, désignés indifféremment par le nom de leur chef ou par celui de la province dont ils sont tirés.

La majeure partie de l'infanterie ne sort pas du guich; les hommes sont choisis au hasard et montrent peu de fidélité au sultan.

L'effectif total ne dépasse pas 7,000 hommes.

Armement, équipement.

L'armement est très mauvais, parce que le gouvernement, malgré ses tergiversations et sa méfiance instinctive pour tout ce qui vient d'Europe, fut victime d'industriels qui lui vendirent des armes de rebut arrangées à Liège ou ailleurs.

L'équipement est fantaisiste, quelques hommes ont des gibernes et des fourreaux de baïonnette, d'autres ne possèdent rien de ce genre et sont obligés de porter la baïonnette dans le dos, ou de la laisser au bout du canon.

Le hâvre-sac étant inconnu, les hommes mettent généralement sur des chameaux ou des ânes les rares effets qu'ils possèdent.

Pour abreuver les soldats pendant les longues marches et faire les provisions d'eau, chaque bataillon emmène un mulet chargé de deux énormes outres en peau de bœuf appelées *raouïa;* bien souvent les raouïa sont prises d'assaut.

Habillement.

La cavalerie porte un pantalon arabe en toile ou en drap, une ou plusieurs chemises portées par-dessus le pantalon, un caftan recouvert d'une longue chemise blanche, un burnous, une chechia et des babouches jaunes. Les bottes de cavalerie, *temmag*, sont très peu employées, en sorte qu'à cheval l'œil de l'étrier porte constamment sur la peau en y laissant des marques indélébiles (1).

Les élégants étudient à l'avance, sur un mannequin en osier, l'effet de leur accoutrement.

Les caïds portent un gros turban blanc enroulé comme le fil d'une bobine; les chefs des mesekhrin et des moulinn moukhala ont en outre une cartouchière portée par devant et un long foulard attaché à la ceinture et dont ils tiennent la crosse de leurs fusils. Chez les caïds agha des mesekhrin, la cartouchière est en velours brodé d'or et constitue le seul insigne du grade qui existe dans l'armée.

L'infanterie et l'artillerie ont une veste et un gilet généralement rouges, des culottes en toile bleue, un tarbouche (calotte ronde), des babouches jaunes et quelquefois une chemise portée *par-dessus* le pantalon.

Un bataillon instruit à Gibraltar (aux frais du gouvernement anglais), sert uniquement à figurer dans les cérémonies et à rendre les

---

(1) Par raison hygiénique, les Arabes cherchent autant que possible à avoir les pieds à l'air.

honneurs aux ambassadeurs ; il est un peu mieux vêtu que les autres.

Tous les habillements sont faits à peu près sur la même mesure ; si les manches sont trop longues on les retrousse.

Il n'y a pas d'uniformité dans les modèles, et souvent au milieu de gens habillés de rouge on en trouve qui portent des vêtements de fantaisie de couleurs diverses; on en rencontre même qui portent de vieilles livrées de domestiques de magasins de nouveautés avec des basques énormes.

Habituellement les soldats sont déguenillés parce qu'on n'ose pas les habiller, dans la crainte qu'ils ne vendent leurs effets pour déserter; la veille des fêtes, ou lorsqu'on attend un ambassadeur, on distribue par bataillon un certain nombre d'effets.

Grades.

Dans les trois armes les grades principaux sont :

Caïd-agha, chef de bataillon ;
Khalifa du caïd-agha, adjudant-major ;

Caïd-el-miâ, officier de cent hommes,

Mokaddem, sergent.

Il n'y a pas de grade supérieur à celui de caïd-agha : le gouvernement n'a pas créé de généraux parce qu'il craint que ces personnages n'arrivent à acquérir trop d'autorité.

On trouve d'autres grades répartis de la manière la plus irrégulière :

Melazem (lieutenant), humbachi (chargé de 10 hommes), chaouch (caporal), bach chaouch (sergent-major).

Chaque bataillon a aussi des tambours, clairons, et des sapeurs ridiculement accoutrés d'une peau jaune mal tannée, portant gravement des haches larges et légères qui ressemblent à des hallebardes.

Comme l'armée voyage presque toujours pendant les grandes chaleurs, la marche devient très pénible et tout le monde cherche à être monté qui sur un cheval, qui sur une mule, un chameau ou un âne.

Il en résulte que les hommes gradés sont montés le plus souvent ainsi que leurs domestiques ; chaque miâ (compagnie) a en outre un étendard (alem) porté par un cavalier; au bout de quelques étapes, si on regarde un bataillon en marche, on ne sait plus au juste si on a affaire à de l'infanterie ou à de la cavalerie en partie démontée.

L'ensemble des cavaliers de chaque bataillon porte le nom de *khiala*.

Solde.

La solde se compose de deux parties : *mouna* (solde proprement dite), et *ziada* ou supplément attribué au grade. En moyenne, elle est de 1 fr. 50 par jour pour le chef de bataillon, de 0 fr. 15 centimes pour le fantassin et de 0 fr. 40 centimes pour le cavalier et son cheval.

Le service de la solde donne lieu aux plus grands abus, car le système des hommes de paille est pratiqué sur une vaste échelle; les revues périodiques ne remédient que faiblement au mal parce qu'elles n'ont pas lieu inopinément.

Les soldats sont logés dans des fondouk (auberges-écuries) d'une saleté révoltante; ils se procurent à leurs frais la literie, qui généralement se réduit à une simple natte et à un vieux haïk.

Punitions.

Il n'y a aucune règle précise pour les punitions.

Le fouet (assa) est très employé; on ordonne au coupable de se coucher à terre; trois de ses camarades le tiennent solidement et un quatrième, qui est souvent une ordonnance du chef qui a ordonné la punition, lui donne les coups de *asfel*.

L'ordonnance ou domestique d'un caïd peut être ainsi chargé de battre un de ses supérieurs. Cet usage est général au Maroc; on prend un soldat comme domestique et en même temps on lui donne les droits d'un caïd.

Une deuxième punition (qui produit moins d'effet que la première), est celle de la chaîne : on enchaîne les coupables par groupes de dix dans un endroit quelconque, souvent en plein air, et on les laisse jusqu'à ce que celui qui a ordonné la punition songe à les faire sortir; en partant ils paient une once au gardien de la chaîne.

Occupations des soldats. Discipline.

La faiblesse de la solde force les soldats et les officiers à exercer les métiers les plus vulgaires; les insignes sont inconnus et les hommes ne font pas le salut militaire à leurs supérieurs, tout au plus accordent-ils à leurs chefs directs quelques marques de respect.

Les *caïd el miâ* sont quelquefois obéis, mais les mokaddem n'ont presque aucune autorité.

Les soldats vendent souvent leurs effets au marché, les caïd en font autant, habillent leur famille avec le drap des uniformes et en font des couvertures de selle.

Au moment des récoltes ou à l'approche des expéditions, les hommes désertent avec un ensemble remarquable; on les ramène quelquefois, mais on n'ose guère les punir.

Les chefs ignorent que l'art militaire existe et croient que la guerre est une série de combats individuels où chacun se tire d'affaire avec ses *sahab* ou clients.

Il résulte de tout cela que les troupes sont estimées seulement au point de vue de leur attachement au souverain, qui seul peut les maintenir dans le devoir, puisque la discipline n'existe pas.

La religion joue un grand rôle dans la conduite de ces troupes; les chefs paraissent avec un chapelet à la main et disent des prières de temps à autre : on conçoit que les gens sur lesquels ces prières ne font pas d'effet ne se gênent pas pour déserter dès que les vivres manquent au camp.

Le drapeau du sultan est rouge, mais les étendards que portent les troupes devant elles sont de couleurs diverses auxquelles on n'attache aucune importance.

Dans un bataillon d'infanterie, une *mia* (compagnie) a même un étendard dont la hampe est surmontée d'un croissant : on n'a jamais su pourquoi, car le croissant est un emblême turc et ne figure sur aucun autre drapeau marocain (1).

L'artillerie de campagne et une partie de l'infanterie sont instruits à la française par la mission militaire française depuis 1877. Le reste de l'infanterie est dirigé par un ancien lieutenant de l'armée anglaise, qui prend le titre de colonel. Ce personnage est complètement au service du sultan.

Des expéditions.

Le gouvernement n'a pas de siège déterminé : pour maintenir son peuple dans le devoir et assurer le rendement des impôts le sultan est obligé de voyager très souvent, afin d'agir sur les populations non seulement par la force des armes, mais surtout par son influence religieuse et personnelle (2).

---

(1) Le croissant ne figure ni sur les monuments, ni sur les objets de fabrication marocaine. Cet emblème appartient aux Turcs, avec lesquels les Marocains n'entretiennent aucune relation.

(2) La présence du sultan est absolument nécessaire au règlement de certaines affaires, en sorte que dans aucun cas il ne pourrait quitter le Maroc pour visiter l'Europe. D'ailleurs la tra-

Les voyages se font presque toujours au commencement de l'été, pour diverses raisons : à cette époque les jours sont longs et les travaux de campement peuvent être terminés avant la nuit, les récoltes sont encore sur pied et on peut s'en emparer; les rivières sont généralement guéables, enfin le tempérament des Arabes leur permet de résister à la chaleur, tandis que ni leur habillement ni leur campement ne sont organisés pour braver le froid et la pluie.

A chaque station dans une grande ville, le sultan emploie une partie de l'armée à des expéditions secondaires, en sorte que l'on peut dire que l'état normal des troupes marocaines est d'être en route.

Lorsqu'on arrive dans les villes, on commence par se reposer et réparer les pertes de toute nature qui ont été faites; on envoie les chevaux et mulets se refaire dans les tribus, ne gardant que le strict nécessaire pour le service courant; à peine l'armée est-

dition s'opposerait à ce voyage (qui néanmoins a plusieurs fois été annoncé par les journaux).

elle réorganisée, on se prépare à partir de nouveau, en sorte qu'il reste peu de temps pour une instruction régulière et méthodique.

Ces voyages étant très fréquents et durant de deux à quatre mois, chacun s'arrange de manière à passer aussi commodément que possible le temps de la route.

Les tentes en usage sont de plusieurs sortes : les tentes coniques en toile blanche pour les soldats, mokaddem, et caïd-al-mia; elles portent, suivant leur grandeur, les noms de : boukera, terrahia, rzana; les tentes cylindro-coniques (koubba) ou oblongues (outak) sont réservées aux caïds-agha. Elles sont faites de deux épaisseurs de toile blanche d'assez mauvaise qualité et doublées en indienne. La partie cylindrique est maintenue par vingt-huit bâtons verticaux de 1 mètre de hauteur passés dans des coulisses ménagées à cet effet; elle peut se détacher et s'ouvrir sur quatre faces pour laisser circuler l'air.

L'intérieur est organisé comme une chambre ordinaire, en sorte que les officiers marocains ne sont nullement dépaysés en route. Quelques-uns d'entre eux emmènent même des femmes : pour qu'elles puissent prendre l'air sans être vues, ils font planter une deuxième koubba reliée à la première par des panneaux verticaux, de manière à former une sorte de cour.

Le domicile du sultan, appelé *aferreg,* s'installe au point le plus élevé du camp afin que nul ne puisse voir ce qui s'y passe. Il se compose d'une koubba surmontée d'un grand auvent conique au sommet duquel se trouve une boule dorée : le tout est entouré d'un vaste paravent circulaire à l'intérieur duquel se trouvent les koubba des femmes et des esclaves. A l'extérieur, on établit une tente qui sert de mosquée et une autre dans laquelle le sultan donne des audiences.

Les ministres, les artilleurs et les cavaliers du maghzen campent autour du *aferreg,* de manière à former une enceinte continue dans l'intérieur de laquelle la place de chacun est fixée depuis un temps immémorial.

Les canons sont placés en batterie dans la direction du kebla.

Le ministre de la guerre campe à part, au milieu d'une enceinte formée par les troupes de l'infanterie et qui renferme les munitions de l'armée. Comme on craint que les soldats ne gaspillent leur poudre, on ne leur donne qu'une ou deux cartouches; lorsqu'on s'attend à une affaire on leur distribue à chacun une dizaine de cartouches de 12 grammes environ.

Entre les deux camps se trouve un *sok* qui présente la plus grande analogie avec les marchés des villes; on y débite des grains, de la viande de chameau cuite avec de l'huile dans de grandes marmites; on y abat des bœufs et des moutons.

Les camps des nouaïb sont disposés à peu près symétriquement alentour.

Les animaux de réquisition arrivent peu à peu; lorsqu'ils sont réunis, on doit s'attendre à partir d'un moment à l'autre.

Cette incertitude peut durer plusieurs semaines : l'attention des tribus qui seraient tentées de se sauver sur le passage du sultan se fatigue, et au moment du départ réel il est trop tard pour fuir.

Départ.

On part généralement un samedi, dans l'ordre suivant, qui est conservé pendant la route :

L'infanterie charge ses bagages et souvent ses fusils sur des chameaux et part avant l'aube dans le plus grand désordre.

Presque tous les hommes gradés sont à cheval et armés les uns du fusil arabe, les autres d'un fusil à baïonnette dont ils prétendent se servir en guise de lance; les nouaïb et bagages partent un peu plus tard.

Le ministre de la guerre, monté sur une mule, part avec l'infanterie, laissant un certain nombre de ses domestiques avec mission de faire suivre les traînards à coups de bâton.

Le sultan monte à cheval au milieu d'un cercle formé par la cavalerie du maghzen et l'artillerie. Il se tourne successivement vers chaque corps de troupe, devant lequel se répètent les saluts réglementaires, puis on se met en marche au son de la musique dans l'ordre suivant : les mesekhrin cheraga; la musique à cheval, deux batteries de montagne; les mechaouri, le sultan précédé par des chevaux de selle tenus en main, accompagné par quatre hommes à pied, suivi d'une litière chargée sur deux mules, de Ba-Ahmed, du Moul Skin, Mdol, etc.

En arrière, marchent les ministres et le reste de la cavalerie du maghzen, des détachements de nouaïb et des flanqueurs accompagnent la colonne et sondent le terrain à une assez grande distance.

L'aspect de cette armée est d'autant plus pittoresque que chaque troupe est précédée de nombreux étendards.

L'arrivée à l'étape est une répétition de la cérémonie qui se fait dans le palais sur le passage du sultan; la musique joue à cheval et les fantassins forment un cordon continu jusqu'à la tente du sultan.

Chaque caïd rentre dans sa tente et reçoit les hommages de ses subordonnés, après quoi chacun vaque à ses occupations.

Vers six heures, les tribus apportent la *mouna*, que Mulay-Hassan fait compter lui-même; elle se compose habituellement de : orge, blé, moutons, pots de beurre fondu, sacs de farine.

Le sultan fait dire les prières dans la tente-mosquée : il est placé derrière un imam spécial et il prie accompagné des moulïnn-frach, eunuques, mouketin (astronomes); le grand vizir prie de son côté avec ses secrétaires.

Habituellement on doit prier en regardant un mur afin de n'être distrait par personne : dans un camp où tout le monde passe et repasse on tourne la difficulté en fixant les yeux sur une planchette munie d'un pied.

Les prières du fedjer, celles du moghreb et de l'acha sont annoncées par un coup de canon qui doit faire le plus de bruit possible, aussi met-on dans la pièce des charges considérables.

La prière du moghreb est une imposante

cérémonie : les gardes montantes s'accroupissent devant la mosquée en tenant verticalement leurs longs fusils : suivant les prescriptions du Coran, elles ne doivent pas prendre part à la prière. Ensuite les feux s'allument et on prépare le souper (acha), qui est le seul repas sérieux que les soldats puissent faire; puis le camp est envahi par un torrent d'harmonie : la *nouba* alterne avec l'orchestre dont nous avons parlé; cette musique prédispose singulièrement au sommeil.

On se garde avec soin pendant la nuit; chaque caïd a huit ou dix personnes autour de sa tente. Malgré cela les vols sont très communs; car, suivant une expression arabe : « Il y a des gens qui en causant seraient capables de voler les dents de leur interlocuteur sans qu'il s'en aperçoive. »

Quelques caïds, par surcroît de précaution, attachent leurs coffres au *rekisâ* (montant de la tente) avec une grosse chaîne de fer (1).

---

(1) Quand un vol important a été commis, le caïd de garde

On ne fournit pas de factionnaires pour la garde du camp; les hommes de garde se couchent par groupe de deux, chacun étant censé veiller pendant la moitié de la nuit. Ils s'appellent fréquemment par un cri qui est une invocation à Mahomet et fait le tour du camp dans les cas graves.

En route, lorsqu'on craint d'être attaqué, on organise des avant-gardes, arrière-gardes, flanqueurs de cavalerie et quelquefois d'infanterie, on serre la colonne et chacun met la main à son fusil; il est probable que les chefs songeraient bien plus à combattre personnellement qu'à diriger leurs hommes.

Quand on redoute une attaque de nuit, on dispose les canons dans les directions les plus exposées, et on fait coucher les canonniers à leur poste; toute la cour, même les ministres, passe la nuit derrière les pièces, le fusil à la main « pour défendre le sultan ».

---

est obligé d'en rembourser le montant : il s'arrange ensuite pour trouver les voleurs.

Lorsqu'un des chérifs d'Ouezzan voyage avec le sultan, sa tente est considérée comme sacrée et les gens accusés d'un vol peuvent offrir d'y aller prêter serment. On peut également aller donner le « hak Allah » sur les canons.

Tactique de la cavalerie.

Le cavalier marocain ne comprend guère qu'on attaque l'ennemi autrement que par des mouvements tournants et par surprise.

La vitesse étant le meilleur moyen d'échapper aux balles, il se lance à fond de train, lâche un coup de fusil à 50 mètres au plus de l'ennemi sans s'arrêter un instant, fait demi-tour et recommence la même manœuvre quelque temps après; au besoin il tire en arrière.

Il y a des gens qui, au galop, tirent un lièvre à balle franche, mais ils sont rares, et l'efficacité de ce genre de tir est fort contestable. Habituellement une affaire entre deux troupes de cavalerie marocaine n'est qu'une série de combats individuels; le chef n'intervient que pour donner le signal de l'attaque, *Bismillah Sahabna!* (au nom de Dieu, mes amis!), chacun se lance ensuite suivant son inspiration.

Ces combats sont si peu meurtriers qu'en y assistant on est tenté de demander si on se bat ou si on s'amuse : il semble que lorsqu'une troupe se précipite sur une autre elle cherche à l'effrayer par la détonation de ses armes plutôt qu'à lui tuer du monde.

Manière d'agir avec les tribus.

Les opérations militaires qui ont lieu dans les tribus ne peuvent pas être comparées à la guerre que nous faisons en Algérie, parce que le sultan a la religion pour lui.

Mulay-Hassan n'entre pas sur le territoire d'une tribu sans avoir reçu la visite du caïd et des notables, de manière à être renseigné sur les dispositions de la population à laquelle il aura affaire.

Lorsque les habitants fournissent la *mouna* et les impôts en retard, on séjourne peu de temps sur leur territoire et on passe à une autre tribu ; sinon on s'installe dans le pays pendant des semaines, on se met à la recherche des silos et des troupeaux, et on ne se retire que lorsque la tribu, menacée d'une ruine complète, demande « l'aman » (pardon).

Les silos (1) sont creusés en plein champ et soigneusement dissimulés, en sorte qu'on peut passer sur eux sans les trouver; cependant on trouve des soldats qui reconnaissent l'emplacement en flairant la terre. Le pillage est quelquefois troublé par les habitants, hommes, femmes et enfants qui viennent défendre leur bien : presque tous les combats commencent de cette façon.

Quelquefois on envoie des troupes faire des pointes dans la tribu insurgée; comme le sultan n'a pas de généraux, on met la colonne sous la direction d'un personnage quelconque du maghzen, réputé connaître le pays, et qui sert de guide.

Les connaissances militaires des Marocains se bornant à l'équitation : cette manière de faire n'a rien qui doive étonner; tout marche d'ailleurs assez mal à moins que le but de l'expédition ne soit bien visible.

Quand on s'attend à une résistance énergique, on s'arrange de manière à ce que les coups ne soient pas reçus par les soldats

(1) Trous tronconiques qui servent de greniers.

marocains; c'est toujours de cette façon qu'on opère dans les pays de montagnes : on gagne une tribu voisine de celle qu'il s'agit d'attaquer, on lui distribue de l'argent et des effets, on lui promet de lui laisser le produit du pillage, et on la lance contre les récalcitrants. Souvent les cavaliers de cette tribu sont enchantés d'attaquer, avec l'appui du sultan, des gens contre lesquels ils ont une vengeance à exercer : la connaissance des rancunes qui divisent les tribus berbères est un des auxiliaires les plus puissants du gouvernement.

Après le combat, on décapite les morts avec de mauvais couteaux, on apporte les têtes au camp sur la pointe des baïonnettes ou accrochées aux baguettes des fusils; on les envoie ensuite dans les villes et les tribus. Pour les conserver, on les imprègne de camphre et même de sel ordinaire; lorsque malgré cela elles sont par trop décomposées, on les enferme dans des sacs en peau.

Quand une tribu a envie de demander l'*aman,* elle commence par envoyer à l'entrée du camp des femmes qui se mettent à crier pour attirer l'attention du sultan, lequel, au bout d'un temps plus ou moins long, les laisse entrer et fait prendre note de leur requête.

Invariablement elles racontent que les temps sont durs, que leurs maris n'ont rien pu donner au sultan, etc. ; les hommes se présentent ensuite et font acte de soumission en coupant les jarrets à un bœuf (1), mais pour ne pas être arrêtés avant d'avoir été entendus, ils ont soin de se faufiler auprès des canons, qui sont considérés comme sacrés ; les canonniers pourvoient à leur nourriture jusqu'à ce que le sultan ait signifié sa volonté. Le plus souvent la tribu est condamnée à payer une forte amende ; si elle ne peut pas s'exécuter immédiatement, on prend des otages.

Qualités des troupes marocaines.

Le soldat marocain a de précieuses qualités : il est sobre, patient et industrieux. Sa

---

(1) Lorsqu'ils veulent fléchir un personnage important qui ne veut pas les entendre, les Arabes ont l'habitude d'amener un animal vivant devant sa porte, et de lui couper les jarrets.

En pareil, cas on ne peut pas, sans se déconsidérer, refuser d'entendre les suppliants.

force physique n'est pas considérable, son énergie est médiocre, mais ces deux qualités sont remplacées par une force d'inertie qui lui permet de supporter les privations pendant longtemps; il ne fait pas beaucoup d'ouvrage, mais il finit par arriver à destination dans tous les pays où il trouve de l'orge et de l'eau : il n'a pas plus de besoins qu'un cheval.

La discipline, qu'il ne possède généralement pas, est remplacée en partie par l'instinct des choses de la guerre.

La solde est la même en route qu'en ville et permet au soldat d'acheter au marché un peu d'orge; quelquefois elle est remplacée par la mouna en nature fournie par les tribus; dans les cas les plus favorables chaque homme reçoit un peu de farine et de beurre fondu, plus la cinquantième partie d'un petit mouton. Lorsque le pays est aride, il arrive que la solde ne sert à rien; dans ce cas les soldats supportent patiemment la faim pendant plusieurs jours.

Les cavaliers se tirent d'affaire en s'appropriant une partie de l'orge destinée à leur cheval, aussi rien n'est plus difficile que de surveiller les distributions : quand elles ont lieu la nuit, les rations disparaissent comme par enchantement.

Les soldats préparent leurs mets avec beaucoup d'adresse et de promptitude : chaque groupe emporte une petite meule portative, un grand plateau en bois, un plat en terre cuite, une marmite et des *keskass* (appareils pour la fabrication du kouscoussou); ce matériel leur suffit. Ils réduisent l'orge ou le blé en farine et font des galettes qu'ils cuisent dans un plat, et du kouscoussou.

Quelquefois ils fabriquent du pain véritable : quand le terrain est ferme, ils creusent les fours en terre; lorsqu'il est pierreux ils font des dômes en pierre sèche dont ils bouchent les intervalles avec de la terre gâchée, tout cela se fabrique très rapidement.

Les caïds emportent comme provisions du thé et du sucre, des pains séchés au four (bejemât), de la viande conservée dans la graisse, du zammeta, farine d'orge broyée dont on fait une espèce de potage à froid (1).

Le marché est sous la direction d'un metasseb; le maghzen y fait vendre ou acheter des denrées.

Soins aux animaux, transports.

Les soins à donner aux chevaux et mulets ne préoccupent pas beaucoup le cavalier marocain.

Ces animaux partent sans avoir bu ni mangé; à l'étape on leur laisse la selle et même la bride pour qu'ils ne se refroidissent pas. Dans l'après-midi on leur retire la bride et on les mène boire; ensuite on enlève la selle et on leur donne de la paille (s'il y en a); au coucher du soleil on distribue l'orge.

Les mulets en usage dans l'armée ont été achetés par le maghzen à des prix variant entre 60 et 200 francs. Le bât, très léger (2),

---

(1) Le zammeta est un aliment très sain, d'une préparation facile et qui préserve d'une foule de maladies.
Les gens qui voyagent dans la région de l'Oued-Noun vivent en grande partie de zammeta et de beurre fondu.
(2) Ces bâts ont la forme d'une gouttière rembourrée de paille; l'enveloppe est en laine grossière.

recouvre l'animal jusqu'à la croupe, mais il a l'inconvénient d'occasionner des blessures qui dépassent souvent la largeur des deux mains. Ces plaies (dont on ne connaît pas toujours l'existence parce qu'on ne retire les bâts que lorsque l'on fait un long séjour) guérissent rapidement par le repos et ne déprécient nullement le mulet; mais lorsqu'on marche pendant plusieurs jours de suite en été, il arrive que le bât et le dos de l'animal ne font plus qu'un et pourrissent ensemble, ce qui n'empêche pas le conducteur de monter sur la charge et d'activer l'allure à l'aide d'une longue aiguille.

Une pareille armée emmène en outre 1,500 chameaux environ, ces animaux sont réquisitionnés et les propriétaires obligés de les suivre moyennant une indemnité dérisoire, ce qui fait qu'au moment des expéditions les chameliers n'osent pas entrer dans les villes de peur d'être pris.

Les chameaux ne sont pas régulièrement nourris; on se contente de les faire paître à une certaine distance du camp. En plaine, ce régime leur suffit, mais dans les montagnes ils s'affaiblissent tellement qu'ils ne peuvent plus porter que des poids insignifiants : il est alors nécessaire de leur donner de l'orge au moins une fois par semaine. Pour être sûr que cette denrée n'est pas détournée de sa destination, le sultan fait réunir les animaux devant sa tente et assiste au repas.

La conduite du chameau exige une patience à toute épreuve : il marche lentement, pesamment, s'arrêtant à chaque instant pour brouter : si le poids lui déplaît, il se couche et oppose aux coups la force d'inertie la plus complète, jusqu'à ce que le conducteur ait soulevé la charge pour l'engager à se relever.

La queue des colonnes est ainsi encombrée de chameaux qui poussent des cris affreux et de conducteurs qui gesticulent autour d'eux.

Pour porter des poids très lourds, par exemple des canons de campagne, on organise des espèces de civières portées par deux et quatre chameaux. Ce système fonctionne assez bien en plaine ; mais dans les terrains accidentés, il donne lieu à de nombreuses difficultés, parce qu'il suffit qu'un animal se couche pour que les autres en fassent immédiatement autant.

Quand un cheval meurt, on rapporte son oreille droite au maghzen; si un chameau tombe épuisé, on le saigne et on le dépouille sans attendre qu'il soit tout à fait mort.

Pendant l'expédition du Sous, des cavaliers, fatigués de traîner par la bride des chevaux épuisés, les avaient abandonnés après leur avoir coupé les oreilles pour faire croire à leur mort; le sultan ayant eu vent de la chose fit rechercher les chevaux ainsi mutilés et força les cavaliers à les remonter pendant toute la campagne.

On voit que la Société protectrice des animaux aurait fort à faire au Maroc.

Maladies.

La situation d'un soldat qui tombe malade dans le camp est la plus pénible qu'on puisse imaginer : le plus souvent le pays n'est pas assez sûr pour qu'on puisse le laisser dans une localité où il trouve des secours.

Il est donc obligé de suivre le mouvement général; n'ayant aucun soin à espérer puisqu'il n'existe pas de médecin ni d'ambulance dans l'armée. Au moment du départ, on le hisse sur une mule ou sur un chameau; à l'arrivée, on le dépose dans une tente; tous les jours le supplice recommence jusqu'à ce que la maladie se termine d'une manière quelconque.

Quand un grand personnage est malade en route, la situation n'est guère plus agréable que celle d'un simple soldat. Il y a quelques années, Si Driss ben Driss, qui avait été en ambassade à Paris, tomba malade en pleine expédition. Le premier jour on le transporta dans une espèce de cercueil, que l'artillerie fabriqua le matin même du départ et qui fut porté en travers sur une mule; le second jour on perfectionna le système et on fit une sorte de civière portée par deux mules; le troisième jour Si Driss n'avait plus besoin de rien, il était mort.

Les épidémies sont assez communes, par suite de la malpropreté des camps, où il n'y a pas de feuillées, et où les animaux morts ne sont pas enlevés. En pareil cas les musulmans s'émeuvent peu; ils disent que la maladie vient de Dieu et que nul ne peut y échapper.

En juin 1879, au camp de Mequinez, les hommes tombaient comme des mouches; on les enterrait sous une mince couche de terre à côté des tentes. Dans le camp de l'infanterie, moins surveillé que celui du sultan, les émanations les plus atroces pénétraient partout.

Les prisonniers, reliés par le cou au moyen de lourds carcans en fer, font la route à pied, quelle que soit l'élévation de la température. Si l'un d'eux tombe frappé d'insolation, ses camarades de chaîne sont obligés de traîner son cadavre jusqu'à ce qu'on ait trouvé la clef du carcan. Ce cas se présenta fréquemment pendant l'expédition du Sous; dans un bataillon, dont presque tous les hommes avaient été enchaînés pour avoir essayé de déserter, il arriva même un jour que, la clef ayant été égarée, le chef de l'escorte fut obligé de casser le cadenas à coups de pierre.

Effectifs.

Dans les dernières années, l'effectif des troupes employées pour soumettre les tribus n'a pas dépassé 25,000 hommes, nouaïb compris.

S'il s'agissait d'une guerre plus sérieuse, le sultan pourrait mettre sur pied environ 40,000 hommes d'infanterie et presque autant de cavalerie.

CONCLUSION.

En exposant, d'une manière aussi fidèle qu'il nous a été possible, l'organisation marocaine, nous avons cherché à faire ressortir l'influence que la religion exerce sur les moindres actes des Marocains : c'est dire que notre civilisation ne pourra jamais pénétrer chez eux, et qu'on perd son temps en leur donnant des conseils.

Ce n'est ni par apathie, ni par ignorance que les Marocains s'isolent du reste du monde; c'est par système. Les cherifs sont totalement dénués de l'esprit d'imitation; ils ne veulent à aucun prix penser, agir, vivre autrement que leurs ancêtres.

L'Angleterre, qui ne cesse de trembler pour Gibraltar, ne craint pas de jouer un rôle anticivilisateur, et entretient soigneusement le gouvernement chérifien dans ses idées.

Ne possédant ni routes, ni chemins de fer, ni télégraphes, n'ayant ni dettes ni crédit, et cherchant toujours à réduire les relations diplomatiques au strict minimum, le Maroc fait peu de bruit : c'est à peine si, de temps en temps, les journaux français lui consacrent quelques lignes, à propos d'affaires peu importantes, et qui ne tardent pas à être réglées tant bien que mal.

Il y a quelques années cependant, le Maroc fit une démarche : à l'instigation de l'Angleterre, il provoqua à Madrid la réunion d'une conférence, dont le but était la suppression des protections accordées aux agents des rares Européens qui résident dans ses ports; mais, le gouvernement français ayant complètement repoussé les propositions anglo-marocaines, les négociations n'aboutirent pas.

Combien de temps durera cette situation? longtemps encore peut-être. Trop de nations sont intéressées à la neutralité du détroit de Gibraltar pour que l'une d'elles puisse chercher à y acquérir une situation prépondérante sans soulever des tempêtes.

D'autre part, le Maroc peut vivre encore longtemps, malgré une situation économique extrêmement mauvaise. Les Nègres, qui sont tout étonnés qu'on s'occupe d'eux, croient que « c'est Dieu qui les a fait esclaves » et ne pensent pas à une liberté dont ils n'auraient que faire; les tribus, divisées entre elles, ne s'occupent que de leurs affaires intérieures et sont satisfaites lorsque « l'eau de Dieu » ne leur fait pas défaut; les Maures sont enchantés de leurs villes ruinées et de leurs rues sales; personne ne cherche à changer de régime et rien ne fait supposer que la situation actuelle vienne à se modifier dans un avenir prochain.

FIN.

TABLE DES GRAVURES.

	Pages.
Maroc et le grand Atlas	13
La Ketibia. — Grande mosquée de Maroc	36
Pont de l'oued Tensift (près de Maroc)	40
Remparts de Maroc	134
Porte de quartier à Maroc	136
Porte de la Casbah de Maroc	152

CARTES.

Plan de Fez	24
— de Maroc	38
— d'Agadir	50
— de Tarudant	52
Carte du Maroc occidental	304

ERRATUM.

Page 96, ligne 13, lisez *kimia* et non *cimia*.

TABLE DES MATIÈRES.

INTRODUCTION.

	Pages.
Royaumes de Fez, Maroc et Tafilet	1
Productions du pays. — Famines	4
Autorité du sultan	11

CHAPITRE PREMIER.
RENSEIGNEMENTS GÉOGRAPHIQUES.

Villes de la côte et voyages dans l'intérieur du pays	13
Divisions territoriales	20
Fez, Mequinez	23
Maroc	35
Description du Sous	48
Agadir, Tarudant	50
Région de Tedla	64

CHAPITRE II.
RELIGION.

Extraits du Coran	69
Sectes, Cheurfa, Hadji	75
Ablutions. — Prières	86
Mosquées, écoles, zaouïa	90
Congrégations religieuses, saints	99

CHAPITRE III.
LES TRIBUS ET LES VILLES.

Organisation des tribus	113
Tribus soumises	119
Cultures, propriétés	123

	Pages.
Tribus du maghzen	125
Impôts	126
Des villes	133
Quartiers. Police, vols, crimes, prisons	136
Cadi	145
Mariages	148
Esclaves	150
Rues, habitations, habillement	152
Monnaies	159
Marchés	162
Caractère des habitants	169
Repas, habitudes	170
Femmes	181
Étrangers, ambassades	182
Des juifs	190

CHAPITRE IV.

LE MAGHZEN.

Histoire de Mulay-Hassan; son portrait	195
Administration	219
Cérémonial, fêtes du palais	230

CHAPITRE V.

L'ARMÉE.

Recrutement	243
Chevaux, équitation, cavaliers du guich	247
Artillerie, marine, génie	254
Nouaib (troupes irrégulières)	263
Infanterie	264
Expéditions, tactique de la cavalerie	275
Manière d'agir avec les tribus	286
Qualités des troupes, maladies dans les camps	289
CONCLUSION	299

FIN DE LA TABLE DES MATIÈRES.

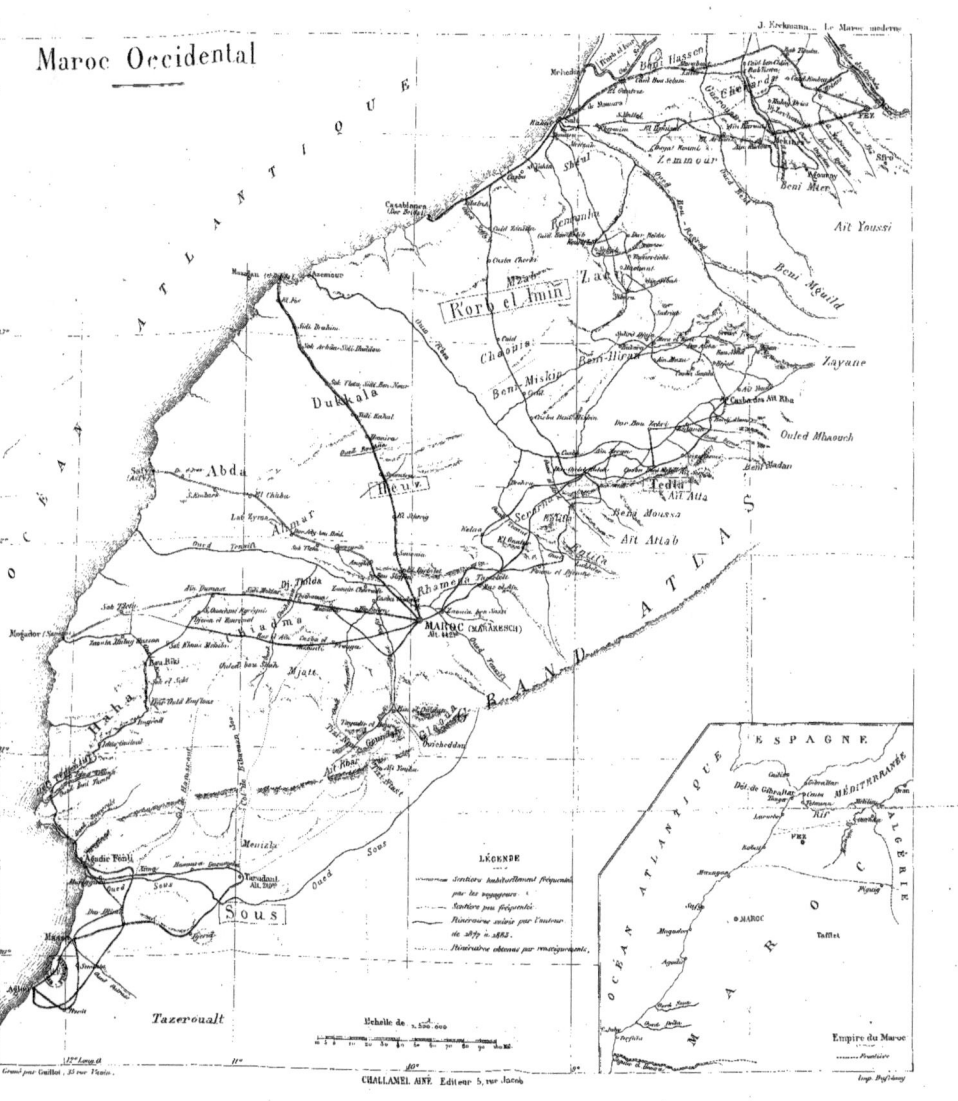

CHALLAMEL aîné, éditeur, 5, rue Jacob, Paris.

De Mogador à Biskra. Maroc et Algérie, par Jules LECLERCQ. 1 vol. in-18 avec carte.................................. 3 fr. 50

Recherches géographiques sur le Maroc, par M. RENOU, membre de la commission scientifique; suivies d'itinéraires et de renseignements sur le pays de Sous et autres parties méridionales du Maroc; recueillies par Adrien BERBRUGGER. 1 vol. grand in-8° avec une carte du Maroc sur papier de Chine grand aigle.. 12 fr.

Le Maroc. Notes d'un voyageur (1858-1859), par M. l'abbé GODARD. In-8°.. 2 fr. 50

Situation politique de l'Algérie, par F. GOURGEOT, ex-interprète principal de l'armée d'Afrique. — Le Sud; Bou Amama; les Oulad Sidi Cheikh; Figuig; le Tell; les colons; les grands chefs; les Fellahs; les Krammes; Tyout; création d'un Makhezen; pouvoirs politiques; pouvoirs administratifs. 1 vol. in-8°........... 5 fr.

Les Français dans le désert. Journal historique, militaire et descriptif d'une expédition aux limites du Sahara Algérien, par le colonel TRUMELET. 1 beau vol. in-8°, deuxième édition, revue et augmentée, ornée de cartes et plans........................ 7 fr. 50

Les régiments de dromadaires (Sahara et Soudan), par H. WOLFF, capitaine, chef du bureau arabe de Biskra, et A. BLACHÈRE, sous-lieutenant aux chasseurs d'Afrique. In-8° avec une carte du Sahara et du bassin moyen du Niger..................... 4 fr.

Les régiments de dromadaires. Réponse à certaines critiques, par les mêmes. Brochure in-8°........................... 1 fr. 25

L'Algérie et les questions Algériennes. Étude historique, statistique et économique, par Ernest MERCIER. 1 vol. in-8°. 5 fr.

La Colonisation officielle en Algérie. Des essais tentés depuis la conquête et de la situation actuelle, par le comte d'HAUSSONVILLE, sénateur. Brochure in-8°........................ 1 fr.

Pérégrinations en Algérie (1880-1882). Histoire, ethnographie, anecdotes, par le docteur BONNAFONT, médecin principal des armées en retraite, 1 vol. in-18.................................. 3 fr. 50

La pénétration dans l'Afrique centrale, par le contre-amiral AUBE. Brochure in-8°................................. 1 fr. 25

Le tracé central du chemin de fer transaharien, par le général COLONIEU. Brochure in-8° avec carte............ 2 fr.

Le fermage des autruches en Algérie (incubation artificielle), par Jules OUDOT, ingénieur civil. 1 beau vol. grand in-8° avec planches.. 7 fr. 50

COLLECTION D'OUVRAGES POUR L'ÉTUDE DE LA LANGUE ARABE.

TYPOGRAPHIE FIRMIN-DIDOT. — MESNIL (EURE).

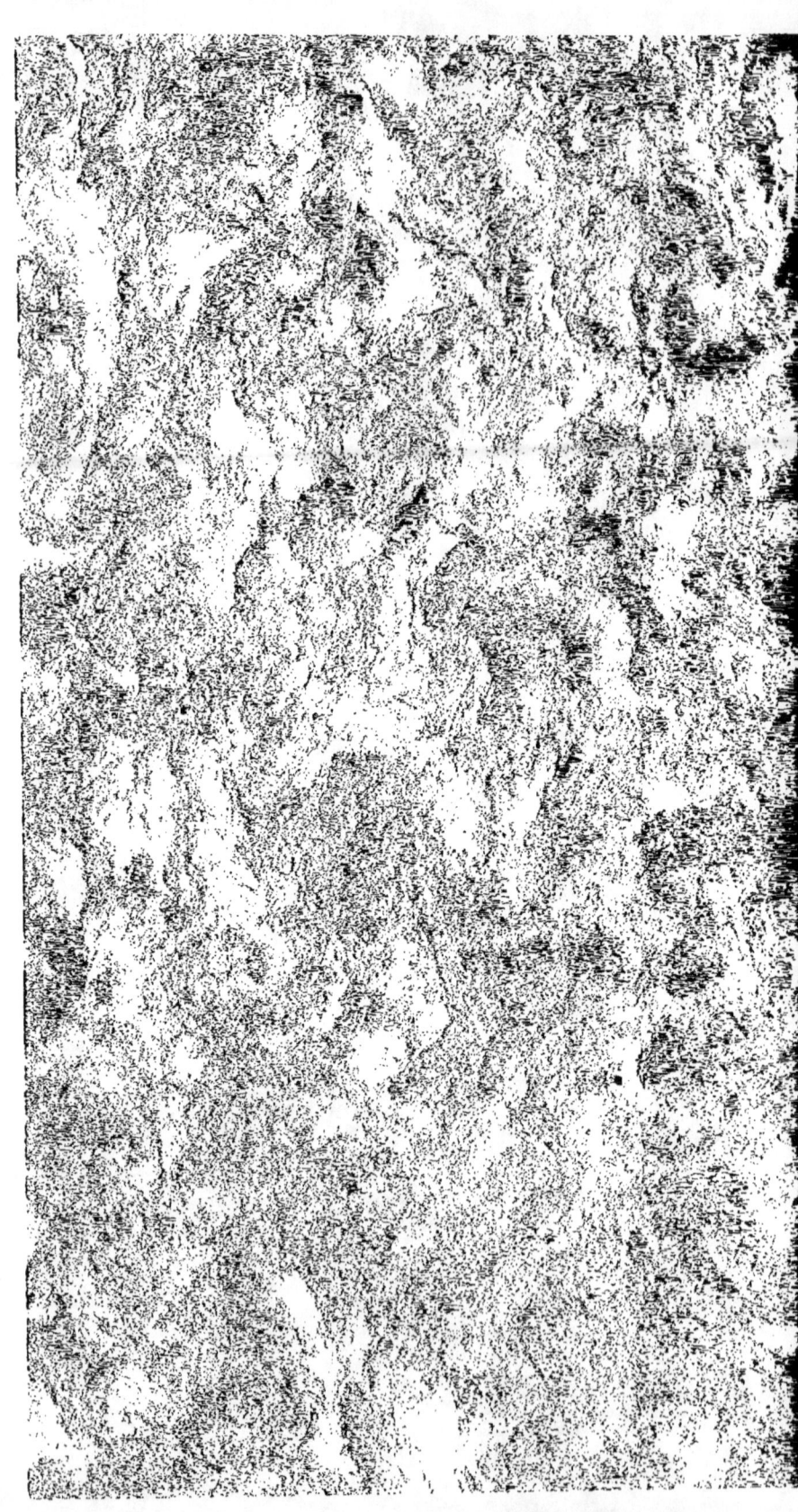

www.ingramcontent.com/pod-product-compliance
Lightning Source LLC
Chambersburg PA
CBHW050802170426
43202CB00013B/2530